救世主

耶穌

王明心 著

三民書局

獻給孩子們的禮物

主編的話

　　世界上最幸福的孩子，是他們一出生就有機會接近故事書，想想看，那些書中的人物，不論古今中外都來到了眼前，與他們相識，不僅分享了各個人物生活中的點滴，孩子們的想像力也隨著書中的故事情節飛翔。

　　不論世界如何演變，科技如何發達，孩子一世幸福的起源，仍然來自於父母的影響，如果每一個孩子都能從小在父母親的懷抱中，傾聽故事，共享閱讀之樂，長大後養成了閱讀習慣，這將是一生中享用不盡的財富。

　　三民書局的劉振強董事長，想必也是一位深信讀書是人生最大財富的人，在讀書人口往下滑落的多元化時代，他仍然堅信讀書的重要，近年來，更不計成本，連續出版了特別為孩子們策劃的兒童文學叢書，從「文學家」、「藝術家」、「音樂家」、「影響世界的人」系列到「童話小天地」、「第一次」系列，至今已出版了近百本，這僅是由筆者主編出版的部分叢書而已，若包括其他兒童詩集及套書，三民書局已出版不下千百種的兒童讀物。

　　劉董事長也時常感念著，在他困苦貧窮的青少年時期，是書使他堅強向上，在社會普遍困苦，而生活簡陋的年代，也是書成了他最好的良伴，他希望在他的有生之年，分享這份資產，讓下一代可以充分使用，讓親子共讀的親情，源遠流長。

　　「世紀人物 100」系列早就在他的關切中構思著，希望能出版

孩子們喜歡而且一生難忘的好書。近年來筆者放下一切寫作，接下這份主編重任，並結合海內外有心兒童文學的作者共同為下一代效力，正是感動於劉董事長致力文化大業的真誠之心，更欣喜許多志同道合的朋友，能與我一起為孩子們寫書。

「世紀人物 100」系列規劃出版一百位人物故事，中外各占五十人，包括了在歷史上有關文學、藝術、人文、政治與科學等各行各業有貢獻的人物故事，邀請國內外兒童文學領域專業的學者、作家同心協力編寫，費時多年，分梯次出版。在越來越多元化的世界中，每個人都有各自的才華與潛力，每個朝代也都有其可歌可泣的故事，但是在故事背後所具有的一個共同點，就是每個傳主在困苦中不屈不撓，令人難忘的經歷，這些經歷經由各作者用心博覽有關資料，再三推敲求證，再以文學之筆，寫出了有趣而感人的故事。

西諺有云：「世界因有各式各樣不同的人群，才更加多采多姿。」這套書就是以「人」的故事為主旨，不刻意美化傳主，以每一位傳主的生活經歷為主軸，深入描寫他們成長的環境、家庭教育與童年生活，深入探索是什麼因素造成了他們與眾不同？是什麼力量驅動了他們鍥而不捨的毅力？以日常生活中的小故事，來描繪出這些人物，為什麼能使夢想成真。為了引起小讀者的興趣，特別著重在各傳主的童年生活描述，希望能引起共鳴。尤其在閱讀這些作品時，能於心領神會中得到靈感。

和一般從外文翻譯出來的偉人傳記所不同的是，此套書的特色是，由熟悉兒童文學又關心教育的作者用心收集資料，用有趣的故

事，融入知識，並以文學之筆，深入淺出寫出適合小朋友與大朋友閱讀的人物傳記。在探討每位人物的內在心理因素之餘，也希望讀者從閱讀中，能激勵出個人內在的潛力和夢想。我相信每個孩子在年少時都會發呆做夢，在他們發呆和做夢的同時，書是他們最私密的好友，在閱讀中，沒有批判和譏諷，卻可隨書中的主人翁，海闊天空一起遨遊，或狂想或計畫，而成為心靈知交，不僅留下年少時，從閱讀中得到的神交良伴（一個回憶），如果能兩代共讀，讀後一起討論，綿綿相傳，留下共同回憶，何嘗不是一幅幸福的親子圖？

2006 年，我們升格成為祖字輩，有一位朋友提了滿滿兩袋的童書相送，一袋給新科父母，一袋給我們。老友是美國國家科學院院士，曾擔任過全美閱讀評估諮議委員，也是一位慈愛的好爺爺，深信閱讀對人生的重要。他很感性的說：「不要以為娃娃聽不懂故事，我的孫兒們一出生就聽我們唸故事書，長大後不僅愛讀書而且想像力豐富，尤其是文字表達能力特別強。」我完全同意，並欣然接受那兩袋最珍貴的禮物。

因為我們同樣都是愛讀書、也深得讀書之樂的人。

謹以此套「世紀人物 100」叢書送給所有愛讀書的孩子和家庭，以及我們的孫兒——石開文，他們都是世界上最幸福的孩子，因為從小有書為伴，與愛同行。

作者的話

　　寫完這本書，看似我把耶穌的人生走了一遍，其實，是祂陪著我走過了我人生的低谷，一段最黑暗無助的旅程。

　　在這之前，耶穌之於我，大部分是神和人的關係。祂是上帝的兒子，是救世主，是神。小時候常唱一首詩歌「耶穌是我至好朋友」，耶穌除了是尊崇榮耀、至高無上的神外，祂也的確常像個好友般，傾聽、安慰、扶持、鼓勵著我。順境時，祂是賜恩典福分的神；逆境時，祂是看顧帶領的保護者。即使當祂是個朋友時，祂也是個能力高強的朋友，原因無他，祂是神啊。

　　祂是完全的神，也是完全的人。神的聖靈使處女馬利亞懷孕，這個「製作過程」雖是完全由上帝一手包辦，但是耶穌出生後的成長過程，卻是他在世上的家人和他一起度過。他是約瑟和馬利亞的兒子，和你我一樣，是活生生的人，會餓、會痛、會開懷大笑、會黯然神傷。上帝為什麼要把祂的獨生愛子降到這世上，和凡人一樣吃苦受罪呢？

　　《聖經》說，上帝原本創造一個美好的世界要讓世人居住，可是因為亞當和夏娃叛逆的決定，使他們和他們的子孫心生罪孽，遠離了神的計畫。神是光，人的罪使人活在黑暗中，無法進到神的光裡。神深愛

祂依自己形象所造的世人，就賜下祂的獨生愛子，藉他最後在十字架上所流的寶血，洗淨世人的罪。神和人中間的阻隔一經除去，世人又可重回上帝面前，享受永遠和祂在一起的生命。

寫這本書，卻讓我從另一個角度來體驗耶穌。耶穌來到世上，成為和我們一般的人，除了上述的使命外，還因為祂要和祂所愛的世人，一起經歷人世的痛苦和有限。我們的身體病痛，祂經歷過；我們對親情友誼的渴望，祂經歷過；無論如何用心付出，周圍的人卻總是不在乎，祂經歷過；眼看著別人執迷不悟的沉淪，卻無法拉回，祂經歷過；不管曾經怎麼一起走過人生的美好和奇妙，同行者卻一點也無法明瞭，祂經歷過；被人誤解、遭人陷害，祂經歷過；在受人攻擊、唾棄時，發現了解實情的人全跑得不見人影，祂經歷過；被以為是以心相交的人背叛，祂經歷過；被所愛的人離棄，甚至想盡辦法要置你於絕路，祂經歷過。

耶穌經歷了人的無助、失望、焦急、痛苦、神傷、孤單、心碎。祂早已預知所有祂將會經歷的，仍甘心樂意的來到世間，無怨無悔的承受這一切，只因為祂愛世人，祂要他們知道：「無論你正在什麼樣的景況，我都了解，而且我要和你一起度過。」

這才是真愛。真愛是甘心付出，不求回報；不求自己的利益，

不計算別人對自己的過失；在委屈中恆久忍耐，不反擊也不報復；在患難中，仍對人保有一顆恩慈、寬厚、良善的心。耶穌在十字架上對上帝所作的最後一個請求，是為釘祂十字架的人說情：「父啊，赦免他們，因為他們所做的，他們不知道。」耶穌的饒恕，為真愛作了最徹底的詮釋。

感謝三民書局給我這個機會寫這本書。感謝天父在地上賜給我世界上最好的爸爸，如同天父一般，總是不止息的疼愛、保護我。感謝主耶穌，用祂的生命教導我，什麼是真愛。

謹以此書獻給天父、耶穌，和我世上的父親，王耀欽先生。

寫書的人

王明心

靜宜大學外文系畢業，美國俄亥俄州立大學兒童教育碩士，現於美國擔任教職。著有童書多本，譯有教育書籍二本。曾獲阿勃勒獎、好書大家讀推薦獎、金鼎獎。

王明心感謝生命中所有的甜與苦、平順與風暴、歡欣與哀痛、得到與失去。感謝所有曾與她一起走過人生路程的人。感謝主耶穌，因祂讓她的世界有亮光，即使在看似最黑暗的時刻。

救世主

耶 穌

目次

世紀人物 100

耶 穌

活動年代約於1世紀

1

奇妙的計畫

耶穌也曾經是個孩子，和你我一樣，從母腹哇哇落地，度過童年、走過青少年、進入成年。

不是都說他是上帝的兒子，世界的救主嗎？現在每一年到了12月，全世界各地都有人在忙著慶祝他的生日：寄聖誕卡、布置聖誕樹、送聖誕禮物、唱聖誕詩歌、吃聖誕大餐、參加聖誕晚會等等。

神的兒子，應該有個神話般的出生吧？譬如說一塊大石頭，經過千年日月風火，迸裂爆開，從裡面走出一個世界救主。不然，至少也要一陣雷電霹靂，煙霧瀰漫後，光芒萬丈的從天上降下。

怎麼耶穌也是媽媽生的，和我們一樣要吃奶，穿尿布，在地

上爬，牙牙學語呢？不但如此，聽說兩千多年前，他是在以色列伯利恆的馬廄裡出生。那不是給馬住的，骯髒嘈雜，臭氣沖天的地方嗎？怎麼不在醫院，或在民房裡呢？

而且，他的母親是馬利亞，可是父親並不是馬利亞的丈夫約瑟！不但如此，馬利亞還沒結婚時，就懷孕了！最離奇的是，馬利亞懷孕時還是個處女！

這到底是怎麼一回事？

這是上帝非常奇妙的計畫，完全出乎我們的想像。想知道上帝為何如此安排嗎？

首先，讓我們來聽聽最清楚這其中內情的馬利亞怎麼說。

2 馬利亞的故事

我叫馬利亞，是個平凡的女孩，有著所有女孩常有的夢想，就是嫁個好老公，生兒育女，共度幸福的人生。

自從遇見約瑟，我知道我的美夢就要成真。他是個正直善良、誠實可靠的好男孩。我和他很談得來，對未來也有相同的目標。我們都不是好高騖遠、追求享樂的人，只希望能靠著自己的能力，實實在在的過日子。將來若有兒女，我們不期望他們做大官賺大錢，只願他們都能成為誠敬愛神、熱心助人的好公民。

如果真要挑約瑟的毛病，就是他太老實了，不會甜言蜜語，不懂得什麼是浪漫情趣。有時我真恨不得能敲一下他的頭，看看會不會有讓我陶醉的話從他的嘴

裡吐出來。我媽媽卻說這正是他最大的優點，她說老公就是要老實的好。懂得說話討好奉承人的男生，個性虛浮，感情不穩靠，很有可能是花心大蘿蔔。約瑟木訥誠實，才是可以託付終生的好男人。

我爸爸也喜歡他，說約瑟的木工技藝人人稱道，一個男人就是要有一技之長，才有擔起家庭責任的真本事。他還說約瑟雖然不會自我吹噓，也不懂得開發市場，可是他真誠傾聽的態度，認真的用他那一雙巧手，做出符合顧客需要的物件和家具，使雇用過他的人都非常滿意，一傳十，十傳百，訂單源源不絕。

媽媽說他有真心，爸爸說他有真功夫，既然父母都喜歡我的男朋友，我們就擇日訂婚了。

在等待婚禮前的這段日子，我更用心的學習一切主婦必要的

技能。灑掃庭院，照顧孩子，這些我從小就在家裡做慣了。以前我常跟在媽媽的身邊，幫忙她料理三餐。現在媽媽為了訓練我獨當一面，常把主廚的工作交給我，從擬定菜單、買菜、切洗、煮出一桌營養美味的飯菜、洗碗、清理廚房和飯廳，都讓我一手包辦，她只在旁邊建議指導。

除了烹飪，我還要學習縫紉。老實說，訂婚前，我只縫過擦桌子的抹布。現在我要學習縫製真正的衣服，有長到膝蓋的無袖內衣、前面開襟的外衣、禦寒的外袍、頭巾、面紗、腰帶等。和做衣服同等重要的是補衣服，因為只有富有的人才負擔得起多套衣服，大部分的老百姓就是幾套衣服換著穿，穿破了就補，補好了繼續穿。補得好的衣服看起來天衣無縫，手藝不好的主婦所補的衣服，老遠就看出上面的補

丁。

　　我做這些事情一點也不覺得累，因為只要一想到約瑟將來要津津有味的吃著我煮的菜，神氣洋洋的穿著我做的衣服，就覺得好甜蜜。我常計畫著將來我們的新家，家具要怎麼擺設，窗簾和桌布該怎麼搭配，我要怎麼為我們的小家庭開源節流，甚至孩子的名字都想了好幾個。

　　正當我沉醉在這些美麗的憧憬中時，突然一個陌生人出現，改變了我整個人生。

　　嚴格的說，他並不是一個人，他是一個天使。那晚我正打算上床睡覺，突然有一個人不動聲色的出現在我身邊，把我大大的嚇了一跳。見我瞠目結舌，一臉驚惶的樣子，他趕快抱歉的說:「不要害怕，不要害怕，我是天使加百列，奉神的差遣來告訴妳，妳是大有福氣的婦女，因為

妳要懷孕生子，給這個孩子起名叫耶穌，他是至高之神的兒子，他要做王，直到永遠。」

剛剛才被這個突然出現的天使嚇了一大跳，現在他講的話更使我吃驚。我會懷孕生子？怎麼可能呢？我根本還沒出嫁，平日潔身自愛，是個處女，怎麼會懷孕呢？

天使加百列笑著說：「不要疑惑，聖靈會降在妳身上，神的大能要蔭庇妳，妳所生的是神的兒子。妳的表姐以利沙伯不是一直不孕嗎？現在老了，更沒有生育的指望。可是神卻讓她懷了胎，已經六個月了。對神來說，沒有什麼事是不可能的。」

我只是一個平凡的女子，竟蒙神揀選，來擔負這麼神聖的工作，這是莫大的殊榮，我一方面覺得不可思議，一方面又滿心感謝，忙向加百列表示：「我本來就

該聽從神所有的吩咐和差遣，請讓這事在我身上成就吧。」

天使走後，雖然我還有一點如在夢中，不過內心充滿了平安和喜樂，開始期待腹中的孩子。過了一會兒，猛然想到一個問題：要怎麼跟約瑟解釋懷孕的事情？他會相信是聖靈使我受孕的嗎？如果不相信，他會怎麼做？

如果他掉頭就走，我一個女孩子未婚生子，怎麼辦？

不過很快我就釋懷了，一切都得等明天見了面才能知道，多想無益，而且既是神的安排，神的計畫，神就會負責。一想到這裡，我安心的拉起棉被，下意識的摸摸自己的肚子，甜蜜進入夢鄉。

3 約瑟的故事

第二天，約瑟和馬利亞見面時，馬利亞把昨天晚上天使到訪，和他所說的話，都告訴約瑟。約瑟看馬利亞不像在說笑話，事情內容又太超乎尋常，一時不知道該怎麼反應，便藉口要上工了，離開馬利亞的家。

約瑟一整天都心神不寧，無法集中注意力工作，不是拿錯挫刀，就是刨錯木條，下午敲木塊時，恍恍惚惚，用力往手指頭鎚下去，痛了半天。馬利亞說的是真的嗎？太教人難以相信了！她已經懷孕，而爸爸不是我，那是誰？她說是聖靈使她受孕，哪有這種事？難道馬利亞另外有男朋友，懷了那個男人的孩子，現在那個人不負責任跑掉了，馬利亞只好編出這套神話，要我當孩子

的爸爸？

　　想來想去只有這個可能，約瑟頓時傷心至極。他不是會說山盟海誓的人，只是用一顆真心愛著馬利亞，他以為馬利亞對他也是如此。沒想到馬利亞欺騙他，背叛他，以前在一起的美好時光，原來都是虛假。這一切來得太過突然，讓他無法承受。

　　晚上回到家，一點胃口也沒有，不過情緒經過了一天的翻騰，此時漸漸沉澱下來。個性厚道的約瑟覺得如果公開斷絕和馬利亞的關係，大家知道了馬利亞懷孕的事，她會立刻身敗名裂，以後再也找不到婆家。不如彼此暗暗解除婚約，馬利亞或搬到別地，或到鄉下把孩子生下來，總之，久了大家就淡忘了他們的婚事，兩人也可以各自過新生活。

　　輾轉反側的約瑟，好不容易漸漸入睡了，天使忽然向他顯

現，對他說：「大衛的子孫約瑟，不要怕，不要憂慮，只管把馬利亞娶過來，因她所懷的孩子，的確是從聖靈來的，是神的兒子。你要將他扶養長大，好像自己的親生孩子一樣，給他起名叫耶穌，他要將他的百姓從罪惡中解救出來。」

天使的話如雷灌耳，約瑟聽了頓釋重負。馬利亞果然就像他一直認識的她一樣，是個善良誠實的女孩子。一想到自己白天對她的種種猜疑，真是慚愧。現在趕快睡個覺，明天一早就去馬利亞家商量婚禮的細節。婚期要越早越好，否則馬利亞的肚子會漸漸大起來，他不要她平白受到別人的輕視和羞辱。他要用他一生好好的保護照顧她，還有她肚子裡的孩子。

4 以利沙伯和撒迦利亞

　　懷孕的馬利亞和所有會害喜的孕婦一樣，會忽然很想吃某樣食物，也會無來由的噁心想吐。她想起天使加百列顯現的那一晚，曾向她提起表姐以利沙伯也懷孕的事，決定去探望她。

　　馬利亞與這位表姐雖是同一個輩分，但年紀卻差上一大截。對馬利亞來說，以利沙伯一直是個亦母亦姐的親人。表姐和表姐夫撒迦利亞住在靠近加利利湖的迦百農，兩人都是謙恭守法、誠敬愛神，沒得挑剔的好人。

　　當馬利亞走進撒迦利亞的家，一開口問安，以利沙伯肚子裡的孩子就跳躍個不停。此時聖靈充滿了以利沙伯，還沒聽到馬利亞的近況，她已經知道馬利亞要對她說的那奇異的消息，高聲

稱頌：「妳所懷的孩子，將是要拯救我們的王，我何其有幸，蒙妳來到寒舍，與我分享這份福氣。妳的聲音一出，我肚裡的孩子就躍躍跳動，歡喜回應。妳是個何等有福的婦人啊！神向妳所說的一切話，都要應驗。」

　　馬利亞也深受感動，滿心感恩，歌頌讚美神的恩典：「祂是有權柄有憐憫的神，祂保護敬畏祂的人，揀選平凡普通的人來成就祂奇妙的計畫。祂趕走狂傲妄想的人，讓他們反得羞辱。祂所賜的孩子，將要來到世上，拯救祂的百姓。」

　　表姐妹倆又擁抱又親吻又讚嘆，過了好一會兒，情緒才稍微平靜，坐下來聊天。原來以利沙伯的懷孕也是個神蹟。她和撒迦利亞結婚之後，一直不孕，現在兩個人都老邁了，更是不再對生孩子抱著希望。有一天，擔任祭

司的撒迦利亞按著班次到耶路撒冷的聖殿值班一週，被抽籤選中負責燒香，這是每個祭司渴望擔任的工作。當燒香的祭司進殿時，群眾要在殿外安靜禱告，等待燒香的祭司完成工作後，出來給他們祝福。有的祭司終生也沒被抽中擔任這份工作過。

撒迦利亞當班那天，非常恭敬的進了殿。正燃起香枝，薄霧氤氳中，忽然看到一位天使站在身旁，把撒迦利亞嚇得兩腿發軟。

「撒迦利亞，不要害怕，」天使對他說:「你的妻子以利沙伯將給你生一個兒子，你要給他起名叫約翰。他從在母腹裡就被聖靈充滿，將來必有先知以利亞的心志和能力，要帶領許多以色列人回轉歸向神。」

天使的話使撒迦利亞錯愕不已，難以相信:「我和我的妻子都

老了，怎麼可能會有孩子？我又
怎麼知道你說的話是真的？」

　天使回答說：「我是神的使者
加百列，奉神的吩咐來告訴你這
個好消息。因為你不相信，從現
在開始，一直到孩子出生，你要
變成啞巴，不能說話。」

　等候在殿外的群眾，老不見
祭司出來，已經開始竊竊私語，
不知道他在裡面怎麼了。及至撒
迦利亞終於出現，只見他比手畫
腳，不能言語，他們知道他一定
在殿裡看見了異象。撒迦利亞回
家後不久，以利沙伯就懷孕了。

　聽了以利沙伯的描述，馬利
亞高興的擁抱表姐。原來神要用
她們平凡的生命孕育不平凡的孩
子，將來為神所用，實現神對世
人的應許。姐妹倆同心感謝神的
揀選，也互相鼓勵要為神做個盡
責的好媽媽。

5 誕生伯利恆

　　在迦百農住了約三個月才返回拿撒勒的馬利亞，肚子越來越大，行動越來越不方便。就在產期快到時，政府突然發布公告，國家要進行全面性的人口普查，所有的人都要立刻回到自己的故鄉去報名註冊。

　　約瑟原是伯利恆人，得帶著懷孕的妻子回本家。妻子的產期快到了，可是法令又不能違背，約瑟非常為難，不知該怎麼辦才好。體貼的馬利亞不想讓約瑟煩惱，一再向他保證，她坐在驢上，不必走路，不會累的，而且，「用驢背來按摩，有助血液循環呢。」馬利亞調皮的說。

　　一路顛簸來到伯利恆，已經入夜，需要找一間旅館住宿。馬利亞和驢子在旅館外等著，讓約

瑟進去接洽。第一間旅館，滿了。第二間旅館，滿了。就這樣一間一間問，居然因為人口普查的關係，鎮上的旅館都住滿了從外地回鄉的人。到了最後一間，馬利亞決定和約瑟一起進去。情況仍是一樣，客滿。這已經是最後一間旅館了，怎麼辦呢？一想到馬利亞大著肚子，卻沒有一個地方可以住宿，約瑟急得直冒大汗。馬利亞撐了一天，也好累，只想就地躺下。

旅館老闆看著眼前這一對又疲憊又焦急的年輕夫婦，真是愛莫能助。瞄了一眼馬利亞的肚子，忽然想到一個地方。

「房間沒有了，可是如果你們不介意的話，我們有馬廄。那裡雖然不是房間，可是對這位太太來說，睡在乾草堆上可能還比睡在客房的硬板床還要舒服呢。只是，」老闆覺得很不好意思，

「你們旁邊睡的全是動物就是了。」

「哦，沒關係，沒關係，我們就住馬廄，馬廄很好，謝謝老闆，謝謝，謝謝。」約瑟和馬利亞忙不迭的道謝。

到了馬廄，約瑟把乾草聚攏成堆，馬利亞迫不及待的往上面一躺，真舒服，快要折斷的背終於得到安歇。約瑟也在馬利亞旁邊躺下，憐惜的看著她。當馬利亞轉過頭來時，兩人露出會心的微笑。身子是很疲憊，但心裡充滿了歡喜和感恩。人生的旅途再辛苦，只要兩人攜手同行，同心克服困難，就是甜蜜的日子。

兩人躺在乾草堆上不知睡了多久，忽然馬利亞一聲尖叫，劃破了原本一片沉寂的馬廄，驚醒了約瑟和動物們。馬利亞開始陣痛了，約瑟知道等待已久的時刻快要來到，既緊張又興奮。馬廄

裡的馬、羊、雞、鴨憑著動物的直覺，知道有什麼超乎尋常的美好大事要發生，清醒而安靜。

「哇——」嬰孩的哭聲響亮有力，動物們馬上感染到那股新生命所發出的喜悅，全體騷動起來，伴隨著嬰兒的哭聲，此起彼落興奮的叫著。馬利亞和約瑟一起望著懷中的孩子，再看到身旁這些湊熱鬧的動物，不禁笑了起來。

6 牧羊人朝拜聖嬰

　　心思和手藝都靈巧的約瑟，清理了一個原本放飼料的馬槽，倒進乾草，成了又舒適又有自然鮮香的搖籃。馬利亞用布巾將孩子包好，讓他躺到「嬰兒床」上，孩子一下子就香甜的入睡。

　　身旁嘈雜的動物歡呼聲漸漸停息。是錯覺嗎？馬利亞怎麼隱約聽到遠方有優美的歌聲。

　　遠方的確有天使正在歌唱。

　　在伯利恆的郊外，一群牧羊人正在草原上看守羊群。黯淡的星光下，牧羊人努力打起精神，提防野獸趁著黑夜叼走熟睡的羊。正在眼皮一閉一開之間，忽然大地一片亮光，好像白晝一樣，有一位天使站在亮光中。牧羊人嚇得全身顫抖，睡意全消。

　　「不要怕。」天使對他們說：

「我是來報大好消息的。今天在伯利恆，你們的救主誕生了，就是主基督。你們會看到一個嬰孩躺在馬槽裡，那就是記號。」

說完，天使的背後出現一大隊天軍，齊聲歡唱：「在至高之處榮耀歸與神！在地上平安歸與祂所喜悅的人！」

天使天軍嘹亮悠揚的歌聲，迴盪在光明的天地之間，牧羊人看得目瞪口呆。歌聲停息後，天使消失了，四周又恢復原本的漆黑沉寂。牧羊人還嘴巴大開，呆立在那裡，不確定剛才所發生的是真實還是作夢。

一位牧羊人打破沉默：「我們現在去伯利恆，看看這件事是不是真的如天使所說的。」其他的牧羊人馬上附和。

當他們找到馬利亞和約瑟時，果然旁邊有個嬰孩躺臥在馬槽裡，連忙跪拜稱頌：「願神賜福

與你！」又把天使所說有關孩子身分的話轉述給新生兒的父母聽。他們走後，紛擾的馬廄又恢復平靜，但是馬利亞的心卻翻騰不已：「神啊，懇求祢幫助我，我只是一個平凡的女子，這個孩子是從祢那裡來的，同時也從我的身體而出，身為他在世上的母親，求祢賜給我能力和智慧，知道該怎麼愛和教養這個孩子，才不辜負祢對我的託付！」

7

西面的祝福

　　約瑟和馬利亞按照天使的指示，給孩子起名叫耶穌。這個孩子雖是神的兒子，但也是他們的兒子，他們要他和其他的男孩子一樣，按猶太人的生活方式和風俗習慣成長，謹守一切的禮儀和規範。所以耶穌出生滿八天時，他們依照猶太人的律法，給孩子行了割禮，就是在他的生殖器官上割去一小塊表皮，使他正式成為有資格享受宗教和社會公權的猶太人。

　　耶穌出生滿四十天時，約瑟和馬利亞帶著他上耶路撒冷，準備接受律法教師的祝福和祈禱。馬利亞抱著耶穌，約瑟提著斑鳩和雛鴿，作為替新生兒獻祭的禮。一走進聖殿，迎面一位滿臉皺紋、身體孱弱的老者，搖搖晃

晃的走來。他叫西面，是位公義又虔誠的長輩，聖靈常在他身上，使他說出有從天而來的智慧話語。聖靈曾指示他，在他有生之年，一定會看到神所立的救主基督。

這一天，他受到聖靈的感動，看見約瑟和馬利亞，就伸出瘦骨嶙峋的手接過柔軟細嫩的嬰孩，與小耶穌四目相視時，突然聖靈的光束照亮他的心眼，使他全身肅然，原本駝曲的背挺直起來，凹陷的眼睛放出光芒，一股奇妙的力量注入他衰老的身軀，他知道這就是他長久等待的救世主，立刻開口稱頌神：「主啊，祢現在可以接我到天上的家了，我的眼睛已經看到祢的救世恩典，生命再也沒有遺憾。這個孩子是祢為萬民所預備的，他是照亮這世界的光，也是以色列最大的榮耀。」又轉身對馬利亞說：「這個孩

子要叫許多人跌倒，也要使許多人興起；他所說的話直指人心，揭開許多人內心的隱祕，也使自己成為被攻擊的對象。將來看到那樣的情形，妳會心如刀割。」馬利亞不能完全了解西面所說的預言，但聽到她的孩子將來會受苦，眼眶不禁溼熱。

8 東方智士
朝見新生王

　　為什麼猶太人一直在期待救主的來臨呢？因為那時的以色列是羅馬帝國的殖民地，在羅馬人的眼中，猶太人只是「付稅金、出勞役」的次等人民，受盡輕視和不公平待遇。《聖經》裡的《舊約》曾預言，從歷史上以色列大衛王的後代中將出現一位拯救人類的彌賽亞，也就是救世主。既然這位彌賽亞能拯救全世界，當然會先救自己的人民，所以他們一心盼著這位能帶領他們復國的民族救星出現。

　　不只是猶太人熱切等候神所應許的君王到來，遠方也有一些學識豐富的智士，密切的關注這項預言的應驗。他們觀察天上的星象變化，詳細繪製星宿的運行軌跡，用以預測將發生的大事。

　　耶穌在伯利恆降生後，東方
有幾位智士發現天上有一顆明亮
的星，他們相信這就是那位偉大
君王降臨的記號，他們騎上駱
駝，帶著要進獻的珍貴禮物，出
發往以色列。

　　既然是君王，理應生在貴族
王府裡吧，智士們直接到了以色
列的首都耶路撒冷。這時由羅馬
凱撒大王封詔治理以色列的希律
王，早就耳聞民間流傳某地有一
群牧羊人見到了初生的新君王，
現在又聽隨從報告，有幾位從遠
方來的智士，帶著貴重的大禮來
到耶路撒冷，城裡的街頭巷尾都
在議論紛紛這個消息，希律王緊
張起來，唯恐有人篡位。

　　「稍安勿躁。」希律王警誡自
己：「先查清楚謠傳的那個王在哪
裡。」

　　希律王立刻召集熟悉《聖
經》內容的祭司長和文士，問他

們：「《聖經》有預言一位救世主基督嗎？這位應許的王會在哪裡出生啊？」

祭司長和文士很高興希律王居然對《聖經》有興趣，連忙回答：「是的，大王，根據《聖經》先知彌迦的記載，猶大地的伯利恆雖是個小城，卻要有一位君王從那裡出來，領導以色列人民，所以基督會在伯利恆出生。」

打發走祭司長和文士，希律王內心充滿不安和恐懼。這麼說，有一位君王誕生，並不僅是民間的傳說，《聖經》中真有這樣的預言，還明確的指示出生的地點。只是《聖經》又沒說這位偉大的君王何時會出現，何以見得就是現在？那些外國的智士憑什麼認定是此時此刻？得找他們來好好問問，若真的可信，先不要打草驚蛇，就讓他們花時間花力氣去找，等他們找到了，馬上

把那個孩子殺掉，簡單省事。於是他叫侍衛暗暗把那幾位外國智士找來，詳細問他們是怎麼從星象推知這位君王的誕生，然後裝出一副熱心助人的樣子，說：「你們可能對猶太人的《聖經》不熟，其實這位救世主彌賽亞不是生在耶路撒冷，而是伯利恆。你們現在趕快去那裡找這個孩子，找到了，回來告訴我，我好準備禮物，也去拜見他。」智士們對希律王所提供的資訊道謝不已，一再承諾找到孩子後，必定回來稟告。

一往伯利恆的方向啟程，智士們就發現在東方看見的那顆明亮的星，再度在空中出現，就在正前方，他們好興奮，堅信這顆星一定是來引領他們去見那位偉大君王的。

耶穌出生後，約瑟和馬利亞決定在家鄉伯利恆留下來。約瑟

仍舊做著木匠的工作，馬利亞則在家負起家庭主婦和母親的職責。這一天，一路引領智士們方向的明亮之星，到了約瑟和馬利亞的房子前，就在上頭停住。這個房子矮小老舊，泥磚剝落，看起來是窮人家住的地方，但是智士們一點也不懷疑明星的帶領，馬上彎腰走進去。

透過黯淡的光線，只見在布置簡陋的室內，有一個幼兒正在他母親的懷裡安睡。智士們向前俯伏跪拜，馬利亞吃驚的看著他們。帶著虔敬尊崇的心，智士們鄭重的拿出珍貴的禮物：黃金、乳香、沒藥，呈獻在幼小的耶穌面前。黃金代表王者的尊貴，通常外國使節晉見君王，選擇的貢禮就是黃金。乳香是祭司在聖殿的聖壇上所祭燒的香料，代表對神的敬拜。沒藥是葬禮前，用來塗抹死人的名貴香油。為什麼送

一個幼兒的見面禮是沒藥，馬利亞不能了解，智士們也沒解釋是不是神給他們的靈感，知道這個孩子將來要為眾人而死，總之他們誠心誠意的獻上，馬利亞也滿心感謝的接受。

　　走出小屋，智士們覺得好滿足。長久以來，他們一直關注以色列這個預言的發展，盼望在有生之年，能看到預言應驗。現在蒙那顆明亮之星的指引，果然謁見了這位將要拯救全人類的萬王之王，這是何等的榮幸啊！現在他們先去找個地方過夜，明早起來就回耶路撒冷，好向全以色列人分享這分尊榮和快樂。

　　這天夜裡，神在他們的夢中向他們指示，不要回去見希律王。隔晨起身，幾個人互相問起，發現昨晚大家作的是同樣的夢，知道是從神而來的曉諭，就悄悄的改走別的路回家鄉了。

9 男嬰大屠殺

　　智士們走後，天使也在約瑟的夢中顯現，警告他：「起來！帶著孩子和他的母親去埃及，因為不久之後，希律王會派士兵來殺害這個孩子。你們就住在埃及，一直到神叫你們回來為止。」約瑟馬上起身，帶著耶穌和馬利亞，連夜逃往埃及。

　　在皇宮裡的希律王度日如年。從送走智士們那天開始，希律王天天數算日子：他們走到伯利恆了吧？給他們兩天的時間找那個孩子，現在見到了嗎？應該啟程回來了吧？快到了吧？希律王不耐煩的在皇宮的中庭踱來踱去。日子一天一天過去，怎麼還不見智士們的蹤影？希律王突然恍然大悟——他被耍了！智士們一定看穿了他的詭計，偷偷跑掉

了！受騙的恥辱加上累積的不安，爆發出可怕的怒火，燒得他立刻下令:「所有出生於伯利恆和四周圍地區的兩歲以下男嬰，全部殺掉!」

這道殘酷的指令一下，伯利恆舉城悲戚，有兩歲以下男嬰的母親眼睜睜看著自己的心肝寶貝被殺，哀號心碎，沒有人能夠安慰她們。

10 童 年

　　約瑟帶著耶穌和馬利亞住在埃及，一直到神的使者在夢中顯現，吩咐他：「起來，要害孩子性命的人已經死了，你可以帶著孩子和他的母親回以色列了。」

　　希律王是死了，可是聽說繼位的是他的兒子亞基老，比他的父親還要殘暴不仁，約瑟不敢再回伯利恆，帶著一家回到和馬利亞相識結婚的拿撒勒定居，耶穌就在這個淳樸的山城長大。

　　耶穌是上帝的兒子，所以他是神。但上帝差他來到世上，成為人的樣式，身分是約瑟和馬利亞的兒子，所以他也是人。既是從母腹生出的孩子，就和你我一樣，會飢餓困倦，有疼痛憂傷，需要擁抱愛憐，喜歡嬉戲玩耍。幫忙爸媽做事之餘，耶穌也和朋

友相約一起去池塘釣魚、游泳、打球、逛市集、打彈弓、玩猜謎、挖寶、捉迷藏、築沙堡，或有阿拉伯的旅行商隊經過時，好奇的繞著駱駝群，看牠們身上背負的那些奇異的商品。

　　小朋友喜歡和耶穌一起玩，大人也喜歡他們的孩子跟耶穌在一起，因為他是個謙恭有禮、守規矩的小孩。不過耶穌和別的孩子有一點不同，只要聖殿的教師開始講課了，他馬上告別同伴，跑去聖殿聽課。他的同伴一直不能明白，聖殿教師的那些《聖經》課，枯燥乏味，冗長沉悶，有什麼好聽的？而且聽眾都是大人，一個孩子也沒有，有些大人聽著聽著就打起瞌睡來，可見內容一點也不好玩，為什麼耶穌站在殿柱旁，卻全神貫注的聽著？

　　小朋友們不知道，《聖經》是上帝的話，當耶穌聽到教師講

解《聖經》時，他好像聽到天上的父親在向他說話，深深的吸引他，又因為他和上帝有特別的關係，使得他對《聖經》有一種超然的理解力，在座的大人還聽得一頭霧水時，他已擁有那分領略的喜悅。

這分對《聖經》的專注卻讓他闖了禍。

每一年到了逾越節＊期間，家家戶戶都會到耶路撒冷去過節。約瑟和馬利亞的家也不例外。耶穌十二歲那一年的逾越節，他們和親朋好友、左鄰右舍相約，一群人聲勢浩大一起上路。一路上，很自然的小孩和小孩在一起，邊走邊玩；婦女和婦女一起聊天說笑；男士和男士高

＊逾越節 猶太人一個非常重要的節日，為的是紀念他們的祖先當年在摩西的領導下，離開為奴四百年的埃及，成為獨立的民族。

談闊論。大家結伴同行，就不那麼感覺走路的辛苦了。在耶路撒冷過完節後，一群人又浩浩蕩蕩走回拿撒勒。

　　在路上走了一天後，約瑟和馬利亞猛然發現耶穌不見了！他們一直以為耶穌是和其他小孩在一起，所以一整天不在身邊也不以為意。小朋友們都說他們今天沒看到耶穌，還以為他是跟大人在一起。大家都慌了，叔伯嬸姨一起到處找，一點蹤影也沒有。他會在哪裡呢？是太累了，越走越慢，脫隊了？是半途被人口販子擄走了？被野獸吃掉了？還是逾越節期間的耶路撒冷人山人海，他根本一開始就沒跟上隊伍，現在迷失在耶路撒冷的某個角落？

　　一想到這裡，約瑟和馬利亞心焦如焚。約瑟牽起紅著眼眶的馬利亞跟大家告別，馬上回頭往

耶路撒冷走。走了一天，終於又回到聖城。這時人潮稍退，約瑟和馬利亞循著那天離城時走過的路線，一邊尋找一邊問人。

最後回到過節的聖殿，赫然發現耶穌正坐在宗教領袖前！這些大師級的領袖每逢重要節日，都會出來在聖殿裡，公開答覆人民有關律法和傳統的問題。

約瑟和馬利亞走進聖殿時，正看到耶穌和名師們在討論《聖經》上的一個章節，旁邊圍觀的民眾嘖嘖稱奇，這個孩子年紀這麼小，居然有這麼豐富的《聖經》知識，而且和大師應對，不疾不徐，沉著穩重。

約瑟和馬利亞看到這個情景，也吃了一驚。不過做父母的，積了一路的心急和憂煩，現在終於找到孩子，無法多想，約瑟一手就把耶穌拉起，推到媽媽身邊，馬利亞摟住耶穌，衝口抱

怨：「你這孩子怎麼這個樣子！你知不知道爸爸和我有多擔心？你要是出了什麼事，我們該怎麼辦？」

耶穌平靜的看著媽媽，慢慢的說：「你們為什麼找我呢？難道你們不知道，我應該以我天父的使命為重嗎？我本來就應該在我父的家裡呀！」十二歲的耶穌，心裡已經知道神是他在天上的父親，也領受到他來這世上的任務。不過他仍是對他地上的父母很恭敬順服，沒有反抗，乖巧的跟他們回去。

馬利亞當然知道這個孩子不只是她和約瑟的兒子，更是神的兒子，只是他現在的確還是個孩子，很多地方都需要爸媽的照顧。神到底要在這個孩子身上做什麼大事？他一生會經歷什麼樣的遭遇？做媽媽的不了解，也無法預知，只能把一切事都存在心

裡，反覆思考。

　　跟著爸媽回拿撒勒的耶穌，無論身體、心智、靈性都漸漸長大成熟。他在爸爸身邊看爸爸做木工、遞工具，幫忙度量材料、鋸木、磨砂、組合。漸漸約瑟將比較簡單的家具製造交給耶穌，一步一步將自己的手藝傳授給兒子。到耶穌成年時，已經是個技藝純熟，能夠獨當一面的好木匠了。

11 施洗約翰

　　耶穌雖然早就明白自己的身分和重任，但他謙卑的等候神的指示，在神還沒有呼召他之前，順服的在拿撒勒做木匠的工作。日子一天一天過去，在耶穌將近三十歲時，一個消息傳到拿撒勒——那位人稱先知的約翰，在猶太的曠野傳道，現正在約旦河為人施洗。

　　這位先知約翰不是別人，正是以利沙伯和撒迦利亞的兒子。還記得馬利亞懷孕時去找她的表姐以利沙伯，那時表姐夫撒迦利亞因為不相信天使說妻子會懷孕的話，而變為啞巴嗎？約翰就是他們的兒子。鄰里親族都因以利沙伯和撒迦利亞原本久婚不孕，現在喜獲麟兒而為他們高興，紛紛前來送禮祝賀。孩子出生後第

48

八天，親族按照猶太人的習俗給新生兒行割禮，並給孩子命名。猶太人的習慣是從親族的名字中選一個來為孩子命名，所以常有一個家族中，好幾個人同名的情形。大家覺得撒迦利亞老來得子，一定會很疼愛這個孩子，就讓他和爸爸同名，叫他撒迦利亞吧。

以利沙伯急忙表示：「不可以，他不能叫撒迦利亞，他要叫約翰。」

親族中一位長輩馬上反對：「什麼約翰？我們家族中根本沒有人叫約翰。」

這時撒迦利亞剛好走進來，大家七嘴八舌，想知道這位新科爸爸對孩子的名字有什麼意見。撒迦利亞拿來一塊寫字的板子，在上面清清楚楚的寫著:「他的名字是約翰。」大家都很驚訝撒迦利亞居然跟他妻子想的一樣。

　　這時，已經啞了十個月的撒迦利亞，突然開口讚美神：「以色列的神是應當稱頌的！因祂眷顧祂的百姓。為了要拯救他們脫離仇敵和一切恨他們的人，將有一位救贖的人從大衛的子孫中出現。孩子啊！你將被稱為先知，因為你要行在這位救主之前，為他預備道路，使人們了解救贖的道理。這樣，神憐憫的心就像日光一般，照亮坐在黑暗中的人，引他們到平安的路上。」

　　大家都被這情景所震撼。撒迦利亞原本是個辯才無礙的祭司，去耶路撒冷輪值時，在聖殿內遇見天使，之後莫名其妙變為啞巴回來。接下來，他年老的妻子居然懷孕了。現在這個得來不易的孩子出生後，他又突然恢復說話的能力，而且被聖靈充滿並說出預言。這整件事太玄奇，太不尋常，使他們敬畏起來，交頭

接耳的說：「這個孩子有神與他同在，不知道長大後會是怎麼樣的人？」

這個孩子現在三十歲了，果然是個不尋常的人。他住在曠野，身穿駱駝毛的衣服，腰束皮帶，吃的是蝗蟲、野蜜。他所說的話充滿智慧，有許多人跟隨他，做他的門徒。他叫大家要悔改，不要自以為是亞伯拉罕的子孫，就一定會進天國。要互相幫助，扶弱濟貧，謹守本分，誠實無欺，不要貪婪，不要抱怨，做神喜悅的人。

有許多人聽了約翰的講道，承認他們的罪，來到約旦河讓約翰為他們施洗，開始新的生命；也有許多人認為他就是那位應許的救主基督，忠誠的跟隨著他。約翰不但不因別人對他的尊崇而自高自大，反而明明白白的告訴大家，他不是基督，他連彎腰給

基督解鞋帶都不配。他只是用水給大家施洗，將要來的基督卻是用聖靈與火施洗。

　　因為跟隨他的人越來越多，耶路撒冷當局特地派祭司來調查，問他：「你是誰？」

　　約翰直截了當的回答：「我不是基督。」

　　他們又問：「那麼，你是先知以利亞＊？」

　　約翰說：「我不是。」

　　「那你是《聖經》裡所提，那位要將神的吩咐傳給我們的先知？」祭司鍥而不捨。

　　「不是。」約翰的回答更簡單扼要了。

　　「這也不是，那也不是，你到底是誰？」祭司已經完全失去耐性：「你總要給我們一個答案，好

放大鏡　　＊曾有一位先知叫以利亞，沒有經歷死亡就乘著旋風升上天了，猶太人一直相信有一天他會再回來。

讓我們回去交差吧。」

約翰回答他們：「先知以賽亞曾預言會有一個人在曠野喊著：『預備主的道，修直祂的路！』我就是那個人。」

祭司看他既然沒有壯大自己的意思，應該沒什麼危險性，就安心的回耶路撒冷了。

12 耶穌受洗

　　約翰的答案對祭司來說，不痛不癢，但是傳到拿撒勒時，耶穌的心卻猛的一震。

　　他知道，他的時候到了。

　　把木匠的工具收拾乾淨，交給弟弟，整理了簡單的行囊，耶穌向母親告別。

　　馬利亞站在家門口，望著耶穌遠去的身影，眼淚不禁流下來。她早知道會有這一天的來臨，雖然知道不應該，但私下總盼著這一天不會真的來到。這個孩子是她為上帝生養的，時候到了，本就該還給上帝，只是做媽媽的，實在無法這麼灑脫。她知道，她的孩子將要遭到很大的攻擊和迫害，承受許多委屈和痛苦，而她，再也不能像孩子小時候那樣保護他，甚至連幫一點忙

都無能為力。「哦，神啊！」馬利亞不禁閉起眼睛，淚流滿面向天祈求:「求祢與他同在，保護他，眷顧他，當他以祢的事為重時，讓他也懂得保護自己。」

耶穌和約翰雖是表兄弟，卻不熟識，因為耶穌自小在山城拿撒勒長大，約翰的家則遠在湖濱的迦百農。這一天，耶穌悄悄來到約旦河邊，群眾正聚集在約翰四周聽他講道。約翰大聲疾呼，叫大家要真心悔改，如果繼續罪惡的心思和言行，上帝的責罰很快就會來到。他同時也傳給大家一個好消息:「那位偉大的救主快要來了，我在這裡傳悔改的道，就是為那等候已久、神所應許的王作準備 ⋯⋯。」約翰慷慨激昂的聲音突然戛然而止，不知何時，耶穌已安靜的走到了他的面前。約翰內在敏銳的聖靈馬上讓他明白，面前的耶穌，就是他所期盼

的那一位。

「請你為我施洗。」耶穌說。

「不，不，不，」約翰連忙推卻：「是我應當受你的洗才對，怎麼反而是你受我的洗呢？」

耶穌回答說：「你就為我這麼做吧，於理於法該盡的義務，我們盡力做，才是合宜。」耶穌是神，也是人，如果一般人都由祭司或先知施洗，他不要例外。

約翰答應了耶穌，走下約旦河，為耶穌施洗。當耶穌從水中走上來時，奇妙的事發生了──天忽然裂開，有形狀像鴿子一般的聖靈降在耶穌的身上，又有一道聲音從天上傳來：「這是我的愛子，是我所喜悅的。」約翰向人作見證說：「神曾對我說：『你看見聖靈下來，降在誰的身上，誰就是那位要用聖靈施洗的主。』現在我看見了，他就是神的兒子！」

13

魔鬼的試探

耶穌的真實身分一旦藉由約翰表明出來，他的拿撒勒木匠之子的生活就永遠成為過去，正式進入神的計畫。但在開始神的使命之前，耶穌需要一段安靜的時間，禱告默思，向神尋求力量和指示。

聖靈引導耶穌到了曠野，那裡乾旱荒涼，白天太陽猛烈的毒曬著空曠無邊的大地，晚上一片死寂，陪伴耶穌的，只有天上的星星，和遠方野獸的嚎叫聲。

耶穌在這樣完全孤絕的環境裡，不吃不喝，專心向父神禱告。他知道，以色列人以為神所應許要給他們的王，是一位能帶領他們復國的君王。他的確是王，而且是萬王之王，但他不是一般人心中所想像的那種君王。

他沒有綾羅綢緞、山珍海味，也沒有華麗皇宮、奴僕成群。他會過著物質貧乏的生活，人們要唾棄、迫害他，甚至最後要把他釘上十字架。這些都是神的計畫。他來到世間，不是坐高位吃喝享福，而是謙卑的服事世人，救世人脫離罪的束縛，接受神的賜福和恩典，成為神國的子民。只有他能做這件事，這世上沒有一位君王有這樣的權柄和能力。

在曠野禁食禱告四十天後，耶穌既疲憊又飢餓，正是心志和身體最軟弱的時刻，聰明的魔鬼撒但馬上進前來誘惑耶穌。

「你是神的兒子，神怎麼會讓你忍飢挨餓呢？你現在就把這些石頭變成麵包，拿來充飢吧。」

當一個人四十天沒進食時，還有什麼比食物更令他渴望？

耶穌卻回答他說:「《聖經》這樣記載:『人活著，不是單靠食

物，乃是靠神口裡所說的一切話。』」

如果是來自撒但的誘惑，即使看起來是實用而有利的事，都不該去做。

撒但帶他進了聖城，叫他站在聖殿頂上，對他說：「你從這裡跳下去，不會受傷，因為《聖經》上說：『主要為你吩咐祂的使者，用手托著你，免得你的腳碰在石頭上。』你是神的兒子，你的父神會保護你的。」撒但深諳《聖經》，懂得用《聖經》裡的話來引誘耶穌。

耶穌依然不上當，也用經文來反駁：「經上記著說：『不可試探主，你的神。』」凡事要以神的心意為中心，不是自以為聰明，自作主張，然後再期望神來幫助你。

撒但並不死心，又帶耶穌上了一座高山，往下俯視，萬國的

榮華富貴都在眼前。撒但說：「你看到這些了沒有？這些都是我的。你若是向我俯伏跪拜，我馬上把這一切都賜給你。」

厚利在前，耶穌不但不為所動，反而大聲怒斥撒但：「滾開，你這邪惡的魔鬼，《聖經》明明白白的記著：『當拜主你的神，唯有一心事奉祂。』我絕對不會拜你！」

無論撒但怎麼狡詐，威脅利誘，想讓耶穌照他的話做，都不能動搖耶穌的心，讓他離開神的旨意半步。撒但沒法子了，便離開耶穌。神派遣天使來耶穌的身邊，幫助他在經歷這場險惡的考驗後，重新獲得力量。耶穌祈求神賜給他合適的一群人，與他一起做事，並在將來他回天國之後，能在世上繼續傳講神的信息。

14

呼召門徒

　　耶穌離開曠野，遇見施洗約翰和他的兩個門徒。約翰一見他走過來，就指著他說：「看哪！這就是我說的那位神的羔羊，要來救贖人的罪惡。」

　　這兩位門徒叫安得烈和約翰，一聽他們的老師這麼說，馬上追隨耶穌。安得烈不但決定他要改當耶穌的門徒，還去跟他哥哥彼得說：「我們遇見救主彌賽亞了。」於是彼得也跟著走。約翰也去找來他的哥哥雅各。

　　隔天，在往加利利的路上，耶穌遇見腓力，對他說：「來跟從我吧！」腓力立刻去找他的好友拿但業，興高采烈的向他通報：「我們遇見摩西在律法上所寫的，以及歷史上眾先知所預言的那位救主了，就是約瑟的兒子拿撒勒人

耶穌。」

不像其他的人一呼召就感應，拿但業冷眼看著腓力，對他所報的消息嗤之以鼻道：「拿撒勒那種地方能出什麼人物？」

腓力並不氣餒，滿懷信心的說：「不信，你自己來看。」

看就看，我就不相信堂堂一個要拯救以色列的英雄，會從拿撒勒那種落後貧瘠、鳥不生蛋的地方產生出來。拿但業馬上跟著腓力走去。

耶穌看見拿但業來，就指著他說：「這個人有真性情，從來不說虛情假意的話。」

「你又不認識我，哪裡知道我是個怎麼樣的人？」拿但業反駁。

耶穌回答說：「腓力還沒去找你之前，我就看見你在無花果樹下了。」

拿但業嚇了一跳，不禁驚

呼：「你真是神的兒子，是以色列的王！」他之前的確是在無花果樹下納涼，那地方離這裡很遠，耶穌是怎麼看到的？除非他真的是神的兒子，有超越時空限制的眼力！

耶穌含笑的對他說：「就只因為我說我看見你在無花果樹下，你就相信我是神的兒子了嗎？將來還有更奇妙的事要發生，你將看到天開了，神為了我，差遣天使在天地之間上上下下。」

耶穌的新門徒們聽得一愣一愣的，似懂非懂，一點也不知道他們的選擇，將使他們的人生完全改變。他們要經歷常人想都想不到的神蹟奇事，並因和基督朝夕相處，參與他在世上傳道、醫病、趕鬼的工作，親身體驗神的公義、慈愛和憐憫，成為耶穌永世的見證人。

15

迦拿喜宴

　　隔天，耶穌帶著新朋友回到拿撒勒，馬利亞高興得連忙招呼，歡迎他們的來訪，也希望他們能留下，只是事有不巧，她剛好要去迦拿參加一個婚宴，於是提議乾脆大家都一起去好了。猶太人的喜宴一向是人越多越好，對主人來說，賓客多就顯得體面。迦拿正是拿但業的本鄉，大家一致贊同，和馬利亞一起去參加婚宴。

　　熊熊火炬把迦拿小鎮照耀得光輝燦爛。鈴鼓齊奏，賓客雲集，街上熱鬧喧騰。終於，頭戴面紗的新娘出現了，新郎向前牽住新娘，拾階而上。賓客擁擠著要到庭院去觀禮。簡單的儀式之後，豐盛的晚宴就要開始。

　　僕人忙著從屋子門口擺著的

65

大石缸裡舀出水來，讓賓客沖洗手腳*。賓客落座後，好菜一道一道的上，酒也一杯一杯的乾。僕人穿梭其間遞盤斟酒，樂隊在後吹奏音樂助興。大家笑鬧喧譁，新婚的喜悅感染了每一個人。

突然事情不妙了——酒喝完了！當初購買喜酒的人，沒想到今天來的客人這麼會喝，喜宴還沒結束，原先準備的酒就倒光了。沒有足夠的酒讓客人開懷暢飲，不但是一件掃興遺憾的事，對主人來說，也非常沒有面子。僕人們送上最後一袋酒後，不知如何是好。細心的馬利亞看到角落堆得高高的空酒袋，再看到僕人的憂容，馬上察覺事情的嚴重性。

放大鏡　　*猶太人的習慣是客人進門前，先要經過這道潔淨手續，才能入席用餐。

她把耶穌叫到一邊，跟他說：「酒沒有了。」

母子同心，只一句話，耶穌就知道媽媽要他做什麼。只是他有他的難處。他雖然已被神宣召出來，但還不是開始行神蹟的時候。

「母親，妳為什麼要我做這件事呢？」耶穌無奈的說：「時機還沒成熟啊。」

馬利亞太了解自己的兒子了，信心十足的轉身向僕人說：「他叫你們做什麼，你們就做什麼。」

耶穌果然如馬利亞所說，開始行動。他看了一眼門口的大石缸，吩咐僕人：「把那些石缸倒滿水。」

為什麼要倒水進石缸？現在缺的是酒，並不是水。這些僕人不明白，但也沒有發問，只是照著做，把每個缸都倒滿了水。

耶穌繼續吩咐：「現在可以舀出來，送給管筵席的人。」

耶穌講話時，所流露出來的那分堅定而沉穩信實的氣宇，給人一股安心的感覺。僕人沒有懷疑，也沒有先嚐，直接就舀了一杯給管筵席的總管。總管一喝，睜大了眼睛。這麼好的酒，怎麼會藏到大家都吃飽飯了才拿出來？剛好已經喝酒喝得迷迷茫茫的新郎晃過來，總管一把抓住他的袖子，衝口抱怨：「你真的太不夠意思了，人家都是先擺上好酒，等客人喝盡了，才擺次等的酒。你卻把好酒留到現在才拿出來，你叫我怎麼當筵席的總管啊？」新郎已經醉到快要不省人事，根本聽不懂他在講什麼，腳步蹣跚的又晃到別桌去了。

喜事、好菜、美酒、歡笑，這是一場賓主盡歡，完美的婚宴。變水為酒的插曲，除了僕

人、馬利亞、耶穌，和同行的門徒外，沒有人知情。耶穌知道媽媽倚重他，相信他能解決這個問題，也知道因為缺酒，會給這個辦喜宴的家庭帶來非常尷尬難堪的處境。本著對媽媽的愛和對別人困境的憐憫，雖然行神蹟的真正時機還沒到，他依然做了。

這是耶穌出來傳道之後，第一次行神蹟。門徒看到他們的老師奇妙的能力，和為人解危的愛心，更堅定了跟隨他的意願。

16 潔淨聖殿

　　逾越節近了，耶穌和他的門徒上耶路撒冷，準備過節。快走到聖殿時，只見前面喧鬧雜亂，不像聖殿，倒像市集。待走進聖殿，才知道真的已經跟市場沒什麼兩樣了。本來是讓人安靜敬拜的地方，現在攤販聚集，有賣牛、賣羊、賣鴿子的，還有專門在兌換錢幣的攤子。每到逾越節，就有散居各處各國的猶太人來耶路撒冷過節。他們不方便從僑居地把要供獻祭用的動物一路帶來，加上他們身上的外國錢幣也不被聖殿所接受，祭司們便允許攤販在聖殿裡進行買賣。表面上是「便民」，其實是藉機從中獲利。

　　耶穌和門徒一走進聖殿的外院，只覺好像在蒸騰的沸水中，

到處都是生意人的吆喝叫賣聲、顧客的討價還價聲、動物的嘶鳴哞叫聲、銅錢的鏗鏘撞擊聲，震耳欲聾。

看到父神的聖殿被大家這般糟蹋，耶穌的怒氣和周遭的音量一樣高揚。他拿起攤子上的繩子，捲成鞭子，把牛羊都趕出殿外。兌換銀錢的商人正要把桌上的錢收進口袋，以免遭殃，耶穌一手把桌子推倒，銀錢滾了一地。接著走到賣鴿子的攤位，攤主連忙兩手護住鴿子籠，耶穌警告他：「把這些東西拿出去！不要將我父的聖殿當作買賣的地方。」

耶穌心疼聖殿變成謀財營利的商業處所，心痛人們說是來耶路撒冷守節，紀念神當年的拯救，卻沒有一顆虔誠敬拜的心。

不過他的舉動嚴重損害了祭司們的經濟利益，他們向耶穌挑戰：「你清高，要維護聖殿的聖

潔；我們愛錢，全身銅臭味，你倒說說看你有什麼權威，可以這麼指責我們？何不行個神蹟，讓我們瞧瞧你是何方神聖？」

耶穌回答說：「你們把聖殿拆掉，我可以三日內，把它再建起來。」

「哼！」祭司們嗤笑：「這聖殿是我們花了四十六年才建成的，你三天內就能再重建起來？癡人說夢！」

其實耶穌在這裡所說的殿，指的是他自己的身體。他的身體，也就是神居住的殿堂，有一天要被殺害，如同聖殿被拆毀。但三天後，他要從死裡復活，如同聖殿三天被重建。耶穌的隱喻，不要說這些貪財的祭司聽不懂，連身邊的門徒都摸不著頭緒。一直到日後主耶穌從死裡復活時，門徒想起他說過的這些話，才恍然大悟。

17 醫 病

在所預言的受難與復活還未發生之前，耶穌行了許多神蹟，幫助門徒和民眾眼見為信，知道他是神的兒子。他的神蹟主要包括治病、趕鬼、讓大自然聽命，甚至使人復活。

就拿醫治彼得的岳母來說吧。彼得跟隨耶穌不久，他的岳母不知為何高燒不退，藥也吃了，冰也敷了，冷毛巾一直擦，都沒用，體溫高得早已失去意識，醫生也沒辦法。耶穌一摸她的手，身上的熱馬上退除，眼睛立刻張開，接著就起身煮飯給耶穌吃，完全看不出她已經躺在床上，神智不清好幾天了。

高燒不退還是小事，許多人得的是多年不癒的病。

有個人又聾又啞，他的親人

帶著他來見耶穌，耶穌把他帶到一邊，用指頭探探他的耳朵，又吐了一些口水，抹在他的舌頭上，然後望天說：「開了吧！」那個人的耳朵和嘴巴馬上都開了，又能聽又能說，旁人見了都驚訝不已。

還有個人生來就是瞎眼的，門徒問耶穌說：「為什麼這個人天生就瞎眼？是他自己犯罪，還是他的父母犯罪，才會得到這樣的報應呢？」

大凡我們看到別人有災禍或不幸，總不免有「因果關係」的猜測，認為一定是誰做錯了什麼事，才會導致如此下場。可是耶穌不這麼想，他回答：「他的父母沒犯罪，他也沒有，而是神要藉著這樣的不幸，顯出祂的作為來。」說著就吐唾液在地上，和著泥土，抹在瞎子的眼睛上，對他說：「你去西羅亞池，把你的眼睛

洗一洗。」

那個人一洗，眼睛就看見了，走回來跟鄰居打招呼，大家都嚇了一跳。「這個人不是那個老坐在地上乞討的瞎子嗎？」

「對呀，對呀，他現在怎麼看得見了？」大家瞠目以對。

有的人不能相信自己的眼睛而疑惑道：「我想，只是一個長得很像他的人吧？」

那人自己澄清：「是我，真的是我。」

大家一聽，七嘴八舌紛紛問他：「你怎麼會看得見？你的眼睛不是瞎了嗎？」

那個人就把耶穌怎麼醫治他的事，描述給大家聽。他的瞎眼變好見證了神的憐憫和慈愛，也讓大家明白，有些不幸，只有神能治癒。

大家都想見見這位醫術高明的人物，可是又不知道耶穌在哪

裡，他們就帶他去見法利賽人，讓他們知道有這麼個神奇的人存在。法利賽人是當時的一群宗教領袖，聽了瞎子重見光明的故事，不但不驚嘆，反而深為反感，說：「這個人不是從神那裡來的，他是個罪人，因為他沒有謹守安息日的訓誡，居然在安息日醫病。」原來他們把「十誡」中「謹守安息日」這一則誡律解釋為「每週的安息日那一天，什麼事都不能做，才叫安息。」

那個人對他們這麼指控耶穌很不以為然，立刻反駁：「神從來不會順應罪人的心願，只有敬奉神，遵行神旨意的人，神才聽他的。自開天闢地以來，從來沒聽說過有人能讓天生瞎眼的看見，這個人如果不是從神那裡來的，不會有這種能力。」

法利賽人見他竟敢頂嘴，還講得振振有詞，不禁惱羞成怒，

大罵道:「你不知道是犯了什麼罪孽，才會生來瞎眼，像你這種不潔的人，還敢來教訓我們？滾！滾出去！」

法利賽人只注重形式，表面上好像很虔誠的謹守誡律，內心卻冷漠無情，對別人的不幸漠不關心，甚至還搬出教條攻擊別人的善行。耶穌聽到法利賽人所說的話，慨嘆著說:「如果單單只是眼睛瞎了，倒沒有罪。最怕的是那種內心瞎掉的，還自以為什麼都看得清清楚楚，這種人罪才大。」

耶路撒冷附近有個池子叫畢士大，池旁有五個迴廊，廊下躺了許多病人，有瞎眼的，瘸腿的，肢體枯乾的等等。他們經年累月躺在這裡，因為傳說有天使會按時下池子來攪動池水，水動了之後，誰先下去，無論得的是什麼病，都會痊癒。這些人有的

沒錢負擔醫藥費，有的所患是醫生治不好的病，只能寄望奇蹟，所以在灼熱難耐的天氣裡，躺在遮蔭的廊下，水一動，大家就爭先恐後的往池子跑。

有個癱瘓了三十八年的人，躺在池子旁，從來就得不到醫治的機會。

耶穌走到他旁邊，問他說：「你想要痊癒嗎？」

那個人苦笑著說：「當然想啊，可是我有什麼辦法呢？每次水一動，大家就搶著往池子跑，每一個人都想要得到醫治，誰會這麼好心抱我進池子？我四肢癱瘓，用盡力氣才使身子挪動一點，別人早就下池了。」這個人的人生絕望至極，老實說，連他自己都不知道為什麼還要繼續躺在這廊下。

但是人覺得荒謬的，或想不出道理的，遇見耶穌，就有了答

案。

耶穌對他說：「起來，拿起你的褥子走吧。」

沒有碰到池水，就能走路？他訝異的看著耶穌，耶穌眼裡的那分堅定，給他一股莫大的信心。他站起來，三十八年來從來沒起身過的人站起來，跛了幾步，穩住身子，彎腰去拿起褥子，往前大步走了！

癱子得醫治的這一天也是安息日，當法利賽人聽到這個消息時，大為氣憤，覺得耶穌接連在安息日治病，是在向他們的權威挑戰，決定一定要逮個機會，讓耶穌在證據確鑿的情況下，付出代價，無可遁逃。

這一天又是個安息日，耶穌在會堂教導眾人。聽眾中有一個人的右手是枯乾的，法利賽人覺得機會來了，想要看看耶穌明知道宗教領袖在場，還敢不敢明知

故犯。他若做了，他們馬上就可以抓到把柄控訴他，所以就故意假惺惺的問：「你覺得安息日治病，可以嗎？」

耶穌非常明白這些人心裡的惡念，反問他們：「如果你有一隻羊在安息日掉進坑裡了，你不會把牠拉上來嗎？人難道不比羊貴重嗎？所以，在安息日做善事是可以的。」接著就對那枯乾了一隻手的人說：「伸出手來！」那個人一伸手，馬上復原。

法利賽人被耶穌駁得啞口無言，氣得咬牙切齒，一群人走出去，商議要怎麼除掉耶穌。不過因為耶穌剛行了神蹟，會眾的心都向著他，若馬上逮捕，怕引起眾怒，就先按兵不動。

18 尼哥底母
求問重生

　　並不是每個法利賽人都想置耶穌於死地。

　　有一個法利賽人，名叫尼哥底母，是管理猶太人的官員。不知是要避人議論，還是想有個安靜的時間和耶穌單獨交談，選擇夜間來找耶穌。他有豐富的《聖經》知識，時常在會堂教導民眾，但深覺自己有的只是知識，並沒有神的生命在裡頭，教著教著，自己都心虛起來。今晚他一在耶穌的面前坐下來，就開口真心頌讚:「你真的是從神那裡來的教師！你所行的神蹟，如果沒有神的同在，根本沒有人能辦得到。」

　　耶穌沒有回應他的讚美，他知道尼哥底母心裡想知道什麼，就直接回答他:「我實實在在的告

訴你，人若不重生，就不能見神的國。」

這樣的答案使尼哥底母非常困惑：「我都這麼老了，怎麼能重生呢？我還能爬回母親肚裡，再重新生出來嗎？」

耶穌回答：「我說要重生，你不要以為稀奇。我們從母親的肚裡生出，那是肉身，這樣的軀體終要腐爛敗壞，不能進神的國。神國是不朽的，永不毀壞的，肉身進不去。人的心靈要徹底改變，從聖靈而生，只有屬神的靈才能進入神的國。靈和風一樣，看不見，但真實存在。」

尼哥底母更加迷惑了。什麼是靈？人怎麼樣靠靈進入天國呢？他問耶穌：「這到底是怎麼回事？要怎麼做到？」

耶穌進一步解釋：「人有罪，活在黑暗裡，但神是光，人的罪使人困在黑暗中，不能進到神的

光裡。神這麼愛世人，祂想要和祂所創造的人類同在，就賜下祂的獨生愛子，讓人因信祂，得到祂所賜的靈，走出黑暗，走入光明。人因這靈，不但不會滅亡，反而擁有永遠能與神在一起的生命。所以神差遣祂的兒子降世，不是來定世人的罪，而是要世人因祂得救。」

　　尼哥底母當時到底有沒有聽懂耶穌對重生的解釋，不得而知，但從日後耶穌遭受宗教領袖攻擊時，他挺而解危，以及耶穌死後，他出面為耶穌處理安葬事宜來看，他是悟出這其中的道理了。

19 山上的寶訓

為了讓人們得到這分新的生命，耶穌從耶路撒冷、撒瑪利亞，一直到加利利地區，四處傳揚天國的福音，醫治各樣的病症，使人的心靈和身體都得到痊癒。

追隨耶穌的人越來越多，大部分的人都想從耶穌那裡得到一些益處：有的想醫好病；有的想他既是將來的君王，跟著他可能就有一官半職；有的想和他一同開創復國大業，揚名立萬；有的搞不清楚想要什麼，但是看他能行別人不能行的，總覺得跟他在一起，一定能避禍得福。

不管大家的出發點何在，耶穌一概包容，只願大家最終都能得到在神裡面的生命。為了達成這個使命，耶穌決定從這些追隨

的人中選出一些助手。

　　為了這個決定，他獨自上山，徹夜禱告，求父神給他智慧和指引。到了天亮，他從跟隨他的人中挑選十二個人，稱他們為使徒。這十二個人有最初呼召的彼得、安得烈、約翰、約翰的兄弟雅各、腓力，另外還選了巴多羅買、馬太、多馬，另一個雅各、西門、達太和猶大。

　　耶穌帶著新選好的十二使徒，再度上山，後面跟了一大群民眾。耶穌深知這些使徒和別人一樣，注重世上的利益，而他要給他們的卻是屬於天國的福氣。等大家都上了山，坐定了，他開始勉勵他們要靠著聖靈的幫助，培養能蒙神喜愛的個性：

　　「你們要虛心，不自大驕傲，才能進入天國。待人溫良退讓，才能以柔克剛，獲得賜福。對別人有一顆憐恤的心，神也會

憐恤你們。內心純淨，不狡詐貪婪，才能見到神。與人和睦相處，不挑撥離間，製造爭端，這種人才是神的孩子。」

說了人與人的關係，耶穌繼續提到人與神的關係：

「生命中有哀慟的事發生，要靠著神而堅強，神必安慰你們。以飢渴的心慕求神的真理和公義，神必滿足你們的空虛。如果因為我，人們辱罵你們，逼迫你們，捏造壞話毀謗你們，你們要歡喜接受，因為天父將因你們在世間所受的苦，在天上大大的賞賜你們。做到了這些，你們就如同世上的光，照亮這人間，讓人們因你們的善行，將榮耀歸給在天上的父。」

耶穌所說的話，跟會堂那些祭司、律法師、教師、文士講的多麼的不同啊！每次去會堂祭拜聽他們講道，教師們拿著長長的

書卷，一字不漏的念著上面的字：要守什麼規條，行什麼儀式，準備什麼東西祭獻，什麼時候做什麼事等等，一再重複那些死板的律法和僵硬的教條，大家都要花好大的功夫撐住眼皮，才不會睡著。可是耶穌的話好像一道清流，洗滌人心。人要有純淨的性格，過良善虔敬的生活，不是單靠遵行表面的儀式和傳統的律法，而是靠聖靈的幫助，從內在活出真正的信心來。

「但你們不要以為我說這些，是要推翻原有的律法和先知的話。」耶穌知道他們心裡所想的，「有一天即使天地都廢去了，律法的一點一畫也不能廢去。我來，不是要廢除律法，是要使律法更加完備。」

耶穌看著眼前從各地來的民眾，大家背景不一，興趣不同，連剛選好的十二個門徒之間都差

異很大，有的是漁夫，有的是稅吏，有的對政治激進狂熱，有的對理財興致高昂。他決定拿最基本的「十誡」來說明：

「『十誡』裡有一條說:『不可殺人』，但我告訴你們，不要以為要把人殺了才會受審判，凡是無緣無故向弟兄動怒，用話羞辱漫罵人，心裡那種仇恨和憤怒已經和殺人相當，將來都要在地獄之火前受審判。『十誡』也說:『不可姦淫』，我告訴你們，不需要任何行動，只要看見婦女就動淫念的，這人心裡已經與她犯姦淫了。」

耶穌繼續舉他們平日熟悉的教訓來解釋表裡合一的重要性：

「你們平日說話，是就說是，不是就說不是，口裡說的就是心裡想的，不需要發誓。不要故意在別人面前行善事，以求得到人的稱讚。若是真心想要行

善，就暗暗的做，不是做給別人看，天父會因你的善心，在暗中報答你。不要像那些假冒為善的人一樣，愛站在會堂裡或十字路口上禱告，故意叫人看見。禱告是和神講話，要禱告，就到內屋，關上門，安靜專心的禱告，你渴求與神親近的心，神都明白。有的人禁食，臉上故意帶著愁容，讓大家知道他因為禁食禱告正在忍飢挨餓。你們不但不該如此，禁食的時候更要梳頭洗臉，打扮光鮮，不教人看出你正在禁食。禁食是為了要專心禱告，神知道最重要，不需要讓別人看到。」

耶穌不但要求他們裡外合一，也期望他們能以愛待人：

「你們希望別人怎麼對待你們，就要怎麼對待別人。不要認為有人對不起你，你就照古諺說的『以牙還牙，以眼還眼』。其

實剛好相反，如果有人打你的右臉，你連左臉也轉過去由他打。有人強逼你跟他走一里路，你就同他走二里。有人與你為敵，不要恨他，不要論斷他，反而要愛他，為那逼迫你的人禱告。大家有沒有看到我們的天父不但讓太陽光照好人，也照壞人？降雨給正直的人，也給邪惡的人？如果你只對那些對你們好的人好，壞人不也對他的夥伴很好嗎？你跟他們的差別在哪裡呢？我們的天父完全的良善，我們也要學著像祂那樣。」

看到大家面露難色，耶穌鼓勵他們：

「你們如果做了這些事，就是積攢財寶在天上。許多人汲汲營營，為了要多賺幾個錢，卻又怕賊來偷、人來騙，死了也帶不走。但你們在天上所積攢的財寶，不會遭蟲咬鏽壞，更不怕被

偷。你們要打定主意，只能事奉一個主人——如果神是你生命的主宰，愛財的心就擺一邊；如果你的心專注在物質錢財上，就不可能愛神。你們若愛神，願意以祂的心意為重，凡事先尋求祂的國度和公義，就不須再煩惱要吃什麼、喝什麼、穿什麼了。這些需要，天父都知道，祂會充分的供應。」

最後，耶穌要更加堅定他們的信心：

「你們既遵行神的旨意，你們向祂祈求什麼，必定得著；尋找什麼，必定尋見；叩門的，就給你們開門。自己的孩子餓時，你會不給他餅吃，反而塞石頭給他嗎？或是孩子向你要魚吃時，你會拿一條毒蛇給他嗎？你們尚且會善待自己的孩子，天父豈不把更好的東西給你們？」

耶穌再一次強調內心的重要

性：

　　「不要以為一天到晚口裡喊著『主啊！主啊！』的人就是神的兒女，就能進天國，而是對神有真誠不虛假的心，願意遵行天父旨意的人才能。他們就像好樹一般，結出好果子，在世人面前展現出豐盛甘甜的生命。」

20 更多的醫治

　　當耶穌在山上給予民眾這些寶貴的教訓時，山下有一個羅馬軍官正為他僕人的病，急得團團轉。這個軍官不像別的羅馬官員那樣趾高氣昂，把猶太人視為殖民地人民。他不但以愛心對待猶太人，盡可能幫助他們，也接受猶太人的信仰，敬畏他們的神，為他們建造會堂，非常受猶太人民的愛戴。

　　如今他手下一個受他重用的僕人病得非常嚴重，軍官四處尋醫，都治不了僕人的病。看著僕人的身體一天比一天衰弱，這位善良的軍官心焦如焚。他聽說了耶穌神奇的醫術，便請託猶太人的長老來求耶穌為他的僕人治病。這些宗教領袖一直以猶太社會的上流人士自居，對耶穌這種

木匠出身的傳道人向來不屑一顧，尤其耶穌講道和醫治的能力，越來越受猶太民眾的注目和崇敬，使他們更加覺得有損他們的權威和地位。若是平常人要他們去請求耶穌做什麼事，他們是絕對不可能去的，但這位軍官不同，他們得忍著傲氣，為他去見耶穌。

到了耶穌那裡，長老們便述說這位軍官平時如何善待猶太人，請耶穌去醫治他的僕人，並說：「你就去為他做這件事吧，他是值得你這麼做的。」

耶穌聽了，馬上起身就走。沒走多遠，軍官聽說耶穌要去他家，趕快派他的手下來對耶穌說：「您來我們家，我不敢當，我連去見您，都覺得自己配不上。我是個帶兵的人，平常對一個士兵說：『來！』他就來，說：『去！』他就去，叫他做什麼，他就做什

麼。我有這樣的權柄，您更有。所以我相信只要您說一句話，我僕人的病就會好了。」

對於軍官這般的信心，耶穌非常驚訝。自己的同胞，親眼目睹耶穌的作為，尚且輕慢蔑視，百般阻撓，而這位外國的軍官，竟跨越種族和階級的隔閡，以一顆謙卑的心，虔信耶穌從天而來的救贖。耶穌轉身向跟隨他的人說：「這樣的信心，我在以色列人中沒有見過。將來有一天在神的國度裡，世界各地的人因信得到救贖，可與上帝同席，反而是以色列人，因為拒絕救贖，在黑暗中，哀哭切齒。」

他向那位士兵說：「去吧，因著你長官的信心，他僕人的病好了。」那位部屬回到軍官的住處，發現那位病危的僕人已經痊癒了。

不管得的是一般的病，或是

多年不癒的絕症；不管是像軍官的僕人那樣有人愛心照料，或是像癱瘓三十八年的人那般早就沒有人在意，這些病人總歸還在人群之中，不致太過孤寂。有一種病患卻被人遠遠隔離在人群之外，連家人都不敢親近，那就是大痲瘋患者。

得大痲瘋的人全身潰爛長癬，常常爛到連手指頭、腳趾頭都斷掉。因為是一種高度傳染的疾病，患病的人都會被驅逐到村子外，不可與人接觸。再也看不到自己的爸爸、媽媽、兄弟姐妹，抱不到自己的孩子，不再有朋友，沒有人照顧，自生自滅。如果有人從附近走過，患大痲瘋病的人就要大喊：「我是不潔淨的！我是骯髒的！」以警告別人不要接近。得這種病，不僅身體痛苦，心靈也受到很大的折磨。

耶穌一點也不在意他們的污

穢。這些人孤獨，他知道他們需要友情。這些人被嫌惡，他知道他們需要別人的了解。這些人得的是不容易醫治的病，他知道他們需要的不是一般的醫藥。別人躲得遠遠的，耶穌卻主動接近他們，伸手撫摸安慰他們。凡被摸到的人，沒有不立刻痊癒的，然後歡歡喜喜的進村子和家人團聚。

21

使死人復活

　　耶穌要大家愛人如己。他看到別人有病痛，就難過得好像那是他自己的身體一樣，總是不停的醫治。所到之處，擠滿了來求醫的人。他一伸手，生病的康復，瞎眼的看見，啞巴的開口，瘸腿的行走。

　　有幾次，他甚至因看到人們因親人去世的傷慟，心生憐憫，而使死人復活。

　　譬如他剛醫好軍官的僕人不久，和門徒前往一個叫拿因的城市。快到城門時，迎面來了一隊送殯的隊伍，大老遠就聽到有人痛不欲生的哀哭著。那是一個寡婦，自從丈夫去世後，和兒子兩人相依為命，好不容易含辛茹苦的把孩子拉拔長大了，孩子卻忽然去世。寡婦想到自己一生淒苦

的命運，心疼孩子跟著她這些年不曾舒適的度過，現在死了，她也沒錢給他買棺材，只能讓他躺在一片棺板上。這個孩子走了，她的人生還有什麼意義，還有什麼希望呢？一想到這裡，不禁又悲從中來。

當隊伍經過耶穌時，耶穌看到這位傷心欲絕的母親，心裡捨不得，溫柔的跟她說：「不要哭。」

接著伸手按住抬棺板的扁擔，要抬棺的人把棺板放下，他對著死人說：「年輕人，我現在吩咐你，起來！」

在旁的人面面相覷，不知耶穌在說什麼鬼話。可是就像見到鬼一樣，那個年輕人聞言馬上坐起來，而且開口講話。耶穌把他交給驚喜得說不出話來的母親，眾人這時如夢初醒，大聲歡呼，將榮耀歸與神：「神眷顧祂的百姓，派遣大先知來拯救我們了！」

這件事很快就傳遍了猶太和周圍的地區。

又有一次，有個管會堂的人，名叫睚魯，一見到耶穌，一頭跪在他的腳前，痛哭流涕的哀求：「先生啊，求你救救我的女兒，她得了沒辦法醫的怪病，已經快要死掉了。先生，我就這麼一個女兒，才十二歲，卻要承受這麼多苦痛，我真是恨不得替她受罪啊。先生，我知道你的能力是從神那裡來的，只要你肯按手在她身上，她就一定能夠痊癒，得以存活。」

耶穌悲憐的看著這位把所有的希望都放在他身上的父親，請他帶路。在前往睚魯家的途中，還發生了一段插曲。

原本跟隨耶穌的人就多，現在當地人看到耶穌要去睚魯家，也湊熱鬧跟著走，一大群人在狹窄的石子路上擁擠著前進。其中

有個患了血漏十二年的婦人，醫生看遍了，苦吃盡了，錢也花完了，病情卻越來越嚴重。她很想擠到耶穌的面前，請耶穌醫治，可是耶穌周圍有好幾層人，連擠到他背後都難。雖然如此，她對耶穌大有信心，相信即使無法與他面對面，只要能夠摸到他的衣服，也足夠了。她的信念促使她奮力一擠，指尖觸到了耶穌衣裳的繸子，血漏立刻就止住。

耶穌停下來，問周圍的人：「是誰摸我？」

沒有人回答。他再問一次，還是沒有人承認，門徒向他解釋：「老師，大家擠來擠去，總是有人會不小心碰觸到你的。」

耶穌說：「不，有人故意摸我，因為我有感覺能力從我身上出去。」

患血漏的婦人知道瞞不過，戰戰兢兢的俯伏在耶穌的腳前，

請求原諒：「先生，請你饒恕我，我患血漏十二年，一直治不好。今天人這麼多，我沒有機會讓你醫治，可是我知道你是我復原的唯一機會，絕不能錯過。你是個有大能的神人，我相信只要碰到你的衣服，就能得到醫治。我碰了你之後，血漏真的就停住了。哦，先生，這是上帝經由你給我的恩典，求你憐憫我。」

耶穌對她說：「妳的信心救了妳，平平安安的去吧。」

正說完這話，睚魯家的僕人上氣不接下氣的趕到了。他一邊喘息，一邊對睚魯說：「主人，我想這位先生不必去了，因為……」僕人吞吞吐吐的說：「因為，小姐死了。」

睚魯呆立在那裡，腦子一片空白。女兒啊，妳就不能等爸爸一下嗎？爸爸那麼疼妳，妳愛玩什麼，爸爸都耐心陪著妳玩，為

什麼妳沒耐心等爸爸一下呢？怎麼可以就走了呢？

耶穌將手放在睚魯肩膀上，跟他說：「不要難過，繼續持有你對我的信心，你的女兒就必得救。」

到了睚魯的家，一屋子都是痛哭哀號的聲音。耶穌說：「你們不要哭，她沒死，她只是睡著了。」

大家覺得耶穌真是信口胡說，一位親戚忍不住對睚魯說：「睚魯，你是從哪裡請來這位蒙古大夫，人明明死了，都沒心跳、沒脈搏、沒呼吸了，難道他連人是死是活都分不出來嗎？」

耶穌不跟他們囉嗦，拉著女孩的手說：「妳起來吧。」女孩馬上張開眼睛，坐起來。室內一片寂靜，剛才大聲哭泣的人和出言諷刺的人都張大了嘴巴，一句話也說不出來。

　　甚至連死了好幾天，都下葬了的人，耶穌都能叫他從墳墓裡復活。

　　要說這個故事的主人翁，得先提到他的兩個姐姐，馬大和馬利亞。她們是耶穌的好朋友，只要耶穌和他的門徒一到了伯大尼地區，她們就盡心款待，提供住宿膳食，開放自己的客廳，讓村人來聽耶穌講道，受他醫治。

　　有一次，耶穌又來到伯大尼，姐妹倆趕快忙著打掃、買菜、切洗、準備給耶穌和門徒一頓美味的晚餐。在大姐馬大的心目中，要慰勞他們的辛勞和感謝他們的付出，最具體的表現方式就是讓他們享受一頓豐盛的宴席。

　　當耶穌在客廳開始講道時，馬利亞離開了廚房。正忙得暈頭轉向的馬大，過了一會兒發現助手不見了，往客廳方向一看，馬

利亞安安靜靜的坐在耶穌的腳前，聽他講道。馬大立刻一把無名火升起，這個小姐可真會享福，我在這裡忙得團團轉，她卻開溜，在那裡悠哉悠哉的坐著！

馬大走出廚房，向耶穌埋怨：「老師，我的妹妹留我一個人在廚房忙，自己在這裡坐著，你覺得她這樣對嗎？你叫她進來幫忙我吧。」

耶穌看著眼前的馬大：聰明、能幹、熱心、慷慨，可是身心被俗務和世界的價值觀束縛住，反而看不見生命中真正重要的事。他提醒她：「馬大啊馬大，妳一天到晚為許多事思慮煩惱，忙東做西。可是事實上，人生最重要的事是領受從天上而來的賜福。我了解妳是為了款待我們而忙，但是我來這裡和你們相聚，妳只是埋頭煮飯燒菜，連和我在一起的時間都沒有，我更希望妳

能把握我在這裡的機會，聆聽我對你們的教導。馬利亞珍惜和我相處的時間，這分心意比大魚大肉更好，她已經選擇了那上好的福分，我不會阻止她。」

這對姐妹的弟弟叫拉撒路，有一回病得很嚴重，醫生束手無策。姐妹倆想到她們親愛的朋友耶穌，託人去請耶穌來醫病。那時耶穌正在遙遠的北方傳道，帶口信的人千里迢迢來報消息：「主啊，你所愛的拉撒路病了，情況很不樂觀，再拖下去，可能會沒命，馬大和馬利亞請您去一趟，救救拉撒路。」

耶穌對那位信差說：「拉撒路不會死，他這次的病是為了讓大家看到神和祂兒子的榮耀。」

這人聽不懂耶穌在說什麼榮耀的事，可是拉撒路不會死這句話，他懂，便趕快回去報信。

照理說，耶穌和這三位姐弟

感情深厚，一聽到拉撒路的病況嚴重，應該會趕著去伯大尼才對，可是耶穌居然氣定神閒的在當地又住了兩天，把該做的事情都處理好了，才通知門徒上路：

「走，我的朋友拉撒路睡著了，我去叫醒他。」

「拉撒路只是睡著了？那需要大老遠去伯大尼嗎？等他睡夠了，病就好了吧。而且南方的猶太人，最近醞釀要拿石頭打死你，還是不要去吧！」門徒試著要說服耶穌打消主意。

「我說的睡著了，指的不是我們每天晚上的睡覺，是生命的安息。拉撒路已經死了。我故意留在這裡，是要讓你們看到我將做的事，為的是更堅固你們的信心。」

耶穌快到伯大尼時，已有看到的村人跑到馬大和馬利亞的家報信，急性子的馬大一聽到耶穌

來了，馬上衝到城門口，忍不住向耶穌抱怨：「主啊，你要是早一點來，我弟弟就不會死了，現在他都進墳墓四天了。」

「妳弟弟將要復活。」耶穌篤定的說。

「我知道，我知道，末日的時候，大家都要復活，拉撒路那時也會復活。」馬大要讓耶穌知道，她的心不是只在炒菜燒飯，末日復活的道理她也懂得。

耶穌對她說：「復活在我，生命也在我，信我的人，雖然死了，也必復活。凡活著信我的人，必永遠不死。妳相信這句話嗎？」

耶穌是生命的主，凡信他的，與他建立永恆的關係，就得到了永遠的生命。肉體都要衰殘敗壞，但與神相連的生命卻永遠不死。

馬大熱切的點著頭：「主啊，

是的，我相信你是基督，是神的兒子，是神所應許的彌賽亞。」

耶穌問起馬利亞，馬大這才想起剛才村人來報信時，她一馬當先就衝出來，也沒跟馬利亞說。她立刻趕回家，家裡還有一群人坐在馬利亞旁邊安慰她。馬大把馬利亞拉到一邊，悄悄的跟她說：「老師來了，在城門口，在問起妳呢。」

馬利亞一聽，馬上起身跟姐姐走，那些安慰她的人，以為她要去墳墓哀悼拉撒路，也跟著去。

馬利亞到了城門口，見到耶穌，就哭倒在他腳下：「主啊，你要是早一點來，我弟弟就不會死了。」

耶穌是個很愛朋友的人，雖然他將要讓拉撒路復活，但看到死亡所帶給馬利亞和與她同來的人的傷痛，他也難過得哭了。

「你們把他葬在哪裡?」耶穌問。

大家領耶穌到埋葬拉撒路的墓穴,耶穌吩咐大家把擋住墓穴的大石挪開,馬大立刻有意見:「不要啦,主啊,他已經死四天了,現在一定發臭了。」

耶穌說:「我不是跟妳說過,妳若真信,就必看見神的榮耀嗎?」

大家把石頭挪開後,耶穌舉目望天說:「天父啊,我感謝祢常聽我的禱告,現在,求祢讓眾人知道,我真是祢差遣來的。」

說完這話,就對著洞穴大叫:「拉撒路,出來!」

大家都緊張得屏息以待,全神貫注的看著洞口。才一下子,聽見洞內有細微的聲音,接著,就看到全身裹著白布的拉撒路從洞穴裡走出來了!

大家站在那裡,不敢相信自

己的眼睛。耶穌吩咐這些張目結舌的人說：「把他身上的裹屍布解下來。」

大家這才回過神來，七手八腳的鬆開拉撒路身上長長的白布，拉撒路的臉、手和身體、腳就一節一節露出來。脫離了裹屍布的纏裹，拉撒路伸展筋骨，臉色紅潤的跟大家笑著打招呼，兩個姐姐早就衝上前抱著他，又哭又笑。

許多人見了這件事，都相信耶穌是那位要帶大家走出死亡陰影，得到永恆生命的彌賽亞，但也有一些人看了這樣的神蹟，不但不受感動，不承認主耶穌是基督，反而唯恐天下不亂，去向法利賽人和祭司長通風報信。這些猶太的領袖馬上緊張起來：「我們得想辦法制止他，像他這樣繼續行神蹟下去，民眾都跟隨他去了，我們怎麼辦？」

　　耶穌知道法利賽人在算計他，就離開那裡，和門徒往以法蓮城去。

22 與罪人同席

　　耶穌不只是身體生病的人的朋友，他也關心心靈受傷的人。身體的病，症狀明顯，大家都看得見，也容易給予安慰；心靈受傷的人，痛苦在內心深處，難以傾訴，人們也常常吝於花心思了解。

　　耶穌所揀選的十二門徒中，就有一位是大家避之唯恐不及的人物。

　　這位門徒叫馬太，是個稅吏。稅吏的工作是為羅馬政府向猶太同胞徵收稅金。大家生活都很辛苦，付了地方的稅收也就罷了，至少還用在地方建設上，但這些稅吏是向他們搜括錢財，上呈統治國，讓大家恨得牙癢癢，背後都叫他們「走狗」。

　　既然這麼受人鄙視，為什麼

還有人要當稅吏呢？有的人是因為人生境遇所致，無奈的選擇這個職業，但大部分的人是因這個工作有利可圖。他們代表統治國向人民收錢，但羅馬政府並沒有明文規定稅額的徵收標準，稅吏想向你收多少，就是多少。這種沒有標準的徵稅方式，本來就很容易引起民怨，偏偏這些天天經手大筆金錢的官員，操守大多有問題。他們向人民收十塊錢，往往有五塊錢進了自己的口袋。所以一般人民生活清苦，但稅吏的家卻是豪華奢侈，奴僕成群。在猶太人的眼中，稅吏不只是走狗，也是強盜，沒有人要跟他們做朋友，除了去繳稅外，絕對不作任何接觸。

因為不被接受，通常稅吏交往的人也是在社會中被人摒棄的人，也就是猶太人眼中的「罪人」，如作奸犯科的流氓無賴、

醉生夢死的賭徒酒鬼、不法走私的奸商、出賣肉體的娼妓淫婦等。這樣的社交圈，使稅吏更自絕於社會主流之外，雖享有豐富的物質生活，內心卻非常孤寂。

耶穌和門徒離開迦百農時，看見馬太坐在邊界通路的關口上，正在向過往的駱駝商隊、去市集販賣牛羊的牧人，和擺售自種蔬果的農人收稅。耶穌一眼就認出馬太，他曾好幾次默默坐在群眾之中聽耶穌講道。雖然每次會場都有上百到上千人，但耶穌靈敏感受到馬太那顆自慚形穢、謙卑懺悔的心。

耶穌走到稅關旁，觀看馬太數算牛羊，計算稅額，忙得不可開交。當馬太不經意抬頭，看到耶穌在旁邊時，嚇了一跳。這不是那位傳講神國福音的老師嗎？怎麼站在這裡看著我？讓他更吃驚的是耶穌接下來說的那句話：

「來跟隨我！」

這下子不只馬太吃驚，其他門徒也受到驚嚇。老師有沒有搞錯？馬太是稅吏呀，不能碰的。耶穌平日講道醫病，大受民眾歡迎，已經被法利賽人視為眼中釘，恨不得除之而後快了，現在他呼召稅吏做他的門徒，等於把自己歸為和那些罪人同一等人，不只法利賽人仇視他，恐怕連本來愛戴耶穌的民眾都要離棄他了。

門徒正想著要怎麼勸阻耶穌，馬太卻迅速離開他的櫃檯，把錢袋交給助手，毅然決然的跟著耶穌走了。馬太這個決定太出人意料之外，門徒和在場的民眾都呆住了。這些門徒大多是漁夫，當初耶穌呼召他們的時候，他們放下漁船，跟著耶穌走。但他們仍保有這些船，平時由家人去打魚，當耶穌到他們的家鄉傳

道時，他們會利用空檔回去幫忙捕捕魚。但是馬太一離開稅吏的職位，等於家裡都要靠以前的積蓄了，他居然捨得放棄過慣了的富裕生活。雖然對馬太的過去很不以為然，但是現在他這種提得起放得下的勇氣和決心，很讓他們敬佩。

這時他們才發現耶穌和馬太都走遠了，趕快追上去，正好聽到耶穌答應晚上和門徒們去他家吃飯。

這個晚宴對門徒們來說，是個前所未有的經驗。馬太的家果然是間豪宅，從前門走進正屋，要先經過一個種有各國奇花異卉的庭院。一走進屋裡，擺設富麗堂皇。几上的東方花瓶、櫃裡的珍藏品、壁上的刺繡織錦、地上絲綢的坐墊，和滿桌的食物，都讓門徒們目不暇給。耶穌看也不看一眼，只專心和馬太及他所邀

請的賓客講話。

　　和這些賓客在一起吃飯，令門徒們侷促不安。他們都是馬太平日交往的狐群狗黨，加上應召來陪酒的特種行業女子。門徒們自小生長在簡單樸實的環境裡，從來不曾跟這些生活圈的人接觸過。他們的談話舉止狂放不羈，虛浮誇耀，言所欲言，為所欲為，什麼都不在乎。門徒們一方面捨不得口裡的美味佳餚，一方面又恨不得能早點離開。耶穌看起來卻很輕鬆自在的樣子，聽著賓客們怒罵當權者，批評社會對他們的不公平待遇，抱怨所有生命的無奈。

　　耶穌開始跟他們說神愛他們，絕不因他們所犯的錯、行的惡而看輕他們。神是非常恩慈的天父，祂希望祂所有的兒女都能來歸向祂，祂要將祂的愛滿滿澆灌給他們。

這些人從來沒聽過有人愛他們，滿臉狐疑的看著耶穌。他們在人生的道路上走偏了，不是不曾想過要回頭，但因種種緣故無力也無法重新來過，加上別人都覺得他們是污穢下流的罪人，乾脆就壞到底，反正也沒人在乎。

但耶穌說，這世上的每一個人，在神的面前，都是虧欠祂榮耀的罪人，沒有一個完全良善的人。有的人的罪惡昭然若揭，像他們會走私、欺詐、吃喝嫖賭。有的人奉公守法，謹守律令，可是內心充滿嫉妒、驕傲、憤怒、排擠、結黨、貪小便宜、陷人不義。有的人滿口仁義道德，捐一點錢做一點善事，一定要大家都知道，還動輒批評別人的不是，以表明自己的公義；面對別人的不幸和苦難時卻漠不關心，冷酷無情，做的只是表面功夫，沒有真正發自內心的關懷和憐憫。這

些事，在神的眼中都是罪。

　　每一個人在神的面前都是透明的，祂知道所有事情的原由經過。表面功夫也許能唬得過世人，因為一般人只看得到外表，但神看的是內心。隱藏在內心的惡念或背著人要的詭計，是包不住的，「掩蓋的事，沒有不露出來的；隱藏的事，沒有不被人知道的。」

　　耶穌提醒大家，不要只把心思憂慮放在要吃什麼、穿什麼，或錢夠不夠用上面。並不是飲食穿著或金錢不重要，而是生命比飲食更有價值，身體比衣裳更該珍惜。如果靈魂空虛，生活沒意義，再怎麼樣美味的食物也不會滿足人的內心。如果只為了物質的享受或存款的數目，「賺得了全世界，卻賠上自己的生命，有什麼益處呢？人還能拿什麼換生命呢？」

　　耶穌說：「我就是生命的糧。到我這裡來的，必定不餓；信我的，永遠不渴。」只有耶穌所傳講的天國的福音，才能給我們的生命帶來真正的飽足。願意遵行神話語的人，什麼事也不須掛慮，因為神應許，祂要將一切所須的賜給信祂的人，「你們祈求，就給你們；尋找，就尋見；叩門，就給你們開門。」

23 與敵人為友

　　耶穌不只要救贖猶太人的靈魂，更要將全世界的人都從罪的黑暗和捆綁之中，帶入神的光明和恩典裡，包括猶太人的仇敵。

　　耶穌和他的門徒要從猶太地回加利利時，作了一個很讓門徒意外的決定——要經過撒馬利亞。猶太人素來憎恨撒馬利亞人，世代不相往來。這個仇怨要上溯到幾百年前，住在撒馬利亞地區的猶太人因為媚外，不但和入侵他們土地的統治民族通婚聯姻，也崇拜他們所帶過來的神祇偶像。在愛國的猶太人眼中，他們不但在血統上是「雜種」，在信仰上也是「叛徒」，於是猶太人將撒馬利亞人當作是卑鄙下流的族群，絕不接觸。

　　從猶太地到加利利，若是直

走，就得經過撒馬利亞。一般的猶太公民非常忌諱進入這個地區，寧可繞遠路，先渡過約旦河再北上。但這一天，耶穌卻告訴門徒，他們要穿過撒馬利亞。門徒聽了，心裡直嘀咕：「老師是怎麼回事，平日和罪人們為伍，惹的麻煩還不夠多嗎？現在居然要去撒馬利亞，那可是我們的世仇啊，他到底想做什麼？」

嘀咕歸嘀咕，他們還是順服的跟著耶穌走。到了撒馬利亞省的敘加城，正是日正當中，烈日高照，耶穌留在有歷史價值的雅各井旁，門徒則進城去買食物。

耶穌坐在井旁休息，有一個撒馬利亞婦人來打水。耶穌對她說：「請妳給我水喝。」

她吃了一驚，環顧四周，這裡只有她和耶穌，所以耶穌是在跟她說話，可是怎麼可能呢？

「你是猶太人，怎麼會向我

一個撒馬利亞婦人要水喝呢？你們猶太人不是最瞧不起我們撒馬利亞人嗎？」

人們的無知和狹隘的偏見，使得種族的仇恨盲目的延續下去，敵意一代傳至一代，讓人們看不見上帝真正的心意。

「如果妳了解上帝對世人的恩賜，也知道現在跟妳要水的人是誰，妳就反而會向他求水，他將給妳生命的活水。」生命的活水就是上帝所賜的永生，不只給猶太人，也給全世界尋求祂的人。

耶穌的回答讓這位撒馬利亞婦人糊塗了：「先生，你又沒有打水的器具，井又深，要從哪裡拿活水給我？」

耶穌告訴她：「喝了這井水的人，還會再渴，但喝我所賜的水，就永遠不渴。我所賜的水，要在人們的生命中成為泉源，一直湧出到永生。」

有這麼好的水，婦人馬上說：「先生，請你把這種水賜給我，讓我從此不渴，也不必大老遠來這裡打水了。」

耶穌是用從泉源中湧出使人止渴的水，來比喻人們歸向上帝後，從聖靈重生所得的永遠的生命，永不乾涸枯竭。婦人以為耶穌的活水是一種有特異功效的水泉。

耶穌只好直接切入她生命的問題所在，讓她明瞭他是誰：「妳去叫妳丈夫也到這裡來。」

這位婦人馬上警戒起來說：「我沒有丈夫。」

耶穌點頭同意：「妳說的沒錯，妳曾有過五個丈夫，不過現在和妳生活在一起的人，並不是妳的丈夫。」

撒馬利亞婦人張大了口，這個陌生的猶太人怎麼會知道她的過去和現在的情況？「先生，你

一定是個先知。」

耶穌回答:「上帝的恩典要從猶太人出來，直到世界各地。無論在耶路撒冷，或在這個山頭敬拜上帝，最重要的是心靈和信實，因為上帝是個靈，所以拜祂的，必須用心靈和信實。」

婦人表示:「我知道有一天彌賽亞，就是那稱為基督的救世主會來，當祂來時，祂會將一切的事都告訴我們。」

耶穌注視著她說:「現在和妳說話的人就是祂。」

婦人悚然一驚，剛好門徒都回來了，她把水罐子一丟，急急忙忙進城去跟大家宣布:「你們趕快來看，有一個人將我素來所做的一切事，都說出來了，他會不會就是基督啊?」

眾人一聽，蜂湧來看這位被她稱為彌賽亞的人物，求耶穌留下來，耶穌和門徒就在那裡住了

兩天。在這兩天之中，耶穌向他
們講解天國的道理。大家都是天
父的兒女，天父要大家彼此相
愛，用包容來消除個人和民族的
宿怨，用神的愛來醫治所有的創
傷。

　　因著耶穌的話，信他的人很
多，他們向那位婦人說：「現在我
們信耶穌，不是因為妳的話，是
我們自己聽見了，知道他真的是
救世主。」

24 行神蹟

人們看到耶穌醫病的大能，聽到他所講改變生命的信息，大為信服，他走到哪裡，後面總聚集了許多跟隨的人。其實不只是人信服於耶穌，連大自然都聽他的。

有一回耶穌和門徒在船上，忽然起了好大的暴風，把船吹得東倒西歪。風一大，浪就高，水一直往船裡灌，眼看著船一直往下沉，大家顧不得舀水，只能緊緊抓住繩索，唯恐一失神就掉進大海裡。奇怪的是，在這個危急關頭，耶穌居然靠著枕頭，在船尾睡得安安穩穩的。

大家再也沉不住氣，把耶穌叫醒：「老師，救救命啊，我們都快沒命了，你難道都不管我們的死活嗎？」耶穌醒來，看了門徒一

眼，說:「怕什麼呢？你們對我這麼沒有信心嗎？」說著轉頭面向大海，大聲斥責:「停了！安靜！」

他的話一說完，剛才的狂風暴浪瞬間消失，下一秒馬上一片風平浪靜，一點痕跡也沒有。門徒們都呆在那裡，說不出話來。連風和海都聽他的！令門徒們真是既敬佩又懼怕。

還有一回，耶穌要門徒把船開走，他則獨自上山禱告。到了半夜，海上風浪大作，門徒們在逆風中搖櫓搖得好吃力。忽然海面上出現一個身影，緩緩往船的方向走來。風像鬼叫一樣呼嘯，浪像魔手一樣襲身，連那映在水面上的月光，都像鬼火般閃爍不定。那身影繼續在薄霧中忽隱忽現。半夜會有影子在水上行走，不是鬼是什麼？

門徒們嚇得大叫:「鬼 —— 鬼 —— ，鬼來了！」

那身影出聲音了:「你們放心,是我,不要怕。」

聽起來是耶穌的聲音,仔細一看,果真是他!彼得一時興起,也想體驗一下水上行走的感覺,立刻向耶穌表示:「老師,如果真的是你,也讓我從水面上走到你那裡去,好不好?」

耶穌毫不猶豫的答應:「你來吧。」

彼得一聽,馬上跨過船身,真的立在水上,沒沉!往前走了幾步,風突然猛力向彼得吹來,彼得覺得翻起的浪好像要把他吞噬下去,信心大失,嚇得大叫:「救命啊,救命啊!」

耶穌一把將彼得抓起,說:「為什麼信心這麼小呢?你難道還不明白我是誰嗎?」

耶穌和彼得一上船,狂風馬上停止。

不只是大自然的現象,平日

生活上的飲食問題，人們也見識到耶穌奇妙的能力。

有一次，耶穌和門徒忙得連吃飯的時間都沒有，想悄悄退到野地去好好休息一下。誰知到了那裡，人山人海，群眾都從各城市來，早他們一步到達，等著要聽耶穌的教訓和讓他醫病。

門徒們又累又煩，真想立刻叫他們滾蛋。但耶穌看到那麼多人需要他，心生憐憫，便勸慰門徒說：「他們就像一群羊，需要牧人帶領他們，餵養他們，我們怎能丟下他們不管呢？」於是又坐下來，開始教導他們天國的道理，並醫好許多患病的人。

一下午過去了，門徒們希望群眾能早一點解散，否則天色暗了，大家要挨餓的。

耶穌聽了，理所當然的說：「你們就給他們吃的吧。」

那裡的人，小孩和婦女不

算，單單男人少說也有五千人，門徒們哪有辦法供應食物給這麼多人吃？算術好的腓力馬上計算出來：「老師，我們即使工作八個月，拿賺的工資去買麵包，也不夠他們吃。」

不要說沒錢，在這前不著村後不著店的野地，有錢也買不到吃的。

這時安得烈很高興的跑過來，手上拿著一袋東西，喊著：「老師，老師，有個小孩帶了五塊餅和兩條魚。」

五塊餅兩條魚，頂多只能餵飽一個人，耶穌卻毫不猶豫的舉起食物，望著天祝福，然後擘開餅，也把魚折成小段，要門徒們把食物分給大家。

奇妙的事發生了。那五塊餅兩條魚怎麼分也分不完！擘開魚和餅，發出去了，奇怪，手上還有！再擘，再發，一直到最後，

大家都吃得好飽，門徒們把剩餘的餅和魚收拾起來，居然還裝了十二個籃子！

25

趕　鬼

　　耶穌在世上除了講道、醫病、行神蹟解決人的困難，還有一項工作──趕鬼。

　　身體生病，常是因病菌入侵。心理生病，常是因壓力、煩惱等情緒問題所引起。但有的病，並不因病菌，也無關情緒，而是由於邪靈的干擾。

　　被鬼附著的人，可能變啞，變瞎；精神狀況非常痛苦；神智不清，撲火跳河；身上的病醫也醫不好；或是精神錯亂，傷人害己。這些可憐的人，無論做什麼說什麼，都受鬼的控制，身不由己。當他們被人帶來耶穌面前時，耶穌都一一醫治。

　　有的鬼還會向耶穌討價還價。有一回耶穌和門徒去加利利海的東岸，才一下船，就有一個

人從墳墓裡走過來。這個人被一群鬼附身好久了，不穿衣服，也不住房子，長年待在墳地。他目光兇猛，齜牙咧嘴，隨時要咬人；一天到晚在墳區和山中大喊大叫，又用石頭砸自己，頭破血流。人們好幾次用腳鐐和鐵鍊捆住他，又派人看守。被群鬼附身的他力大無比，鐵鍊被他掙斷，腳鐐也被他敲碎。沒有人能制伏他，只好任由他住在墳墓裡，平常大家都避免從那裡經過。

耶穌一看到他，就吩咐：「從這個人身上出來！」

那人馬上跪在地上，大聲喊叫：「神的兒子耶穌啊，我們和你有什麼相干呢？求你不要把我們趕出這個地方，不要讓我們到無底坑去。如果你一定要我們離開這個人，山坡那裡有一群豬，就讓我們附到牠們身上吧。」

耶穌准它們：「去吧。」

　　只見這一群約有兩千隻的豬，開始死命的狂奔，一直跑一直跑，到了懸崖邊也不停下下，全部掉進海裡淹死了。

　　耶穌能把各式各樣的鬼從人身上趕出去，使那些人重得幸福快樂的生活，許多人都感激不盡。可是他這麼高強的能力，卻使得法利賽人和祭司、文士等宗教人士很不是滋味，酸溜溜的說：「他還不都是靠著鬼王別西卜在趕鬼。」

　　耶穌就告訴他們：「一個國家裡的人民，如果自相殘殺，這個國家就滅亡了。一個家庭，如果家人爭吵決裂，這個家就破碎了。我若是靠著鬼王來趕鬼，鬼打鬼，鬼王的國度還能站立得住嗎？我今天靠的是神的能力趕鬼，這是神的國降臨到你們這裡了。」

　　不知是他們聽不懂這個道

理，或是根本拒絕去了解，對耶
穌的恨意越來越深。耶穌的處境
越來越危險。

26 預言受難

　　耶穌曾好幾次向門徒預言，他將要落在那些長老、祭司長、文士的手裡，受很多苦，被殺，然後在第三日復活。

　　門徒彼得第一次聽到耶穌將被殺時，急得拉著他：「不行，不行，這怎麼可以？這種事不會發生的！」

　　耶穌責備他：「退開！不要絆阻我的工作。你體貼的是人的意思，不是神的意思。」

　　為什麼神的意思是要耶穌死呢？門徒們那時不了解。這一次要去耶路撒冷過逾越節，耶穌再次重複他的預言，而且說的是幾天後，他就要被抓起來，釘在十字架上。門徒依然沒有危機意識，只忙著要去耶路撒冷過節，如果能順路先經過馬大和馬利亞

的家，吃一頓豐飽再繼續行程，就更好了。他們過去三年多，跟隨耶穌經歷神蹟奇事，親眼目睹耶穌醫人所不能醫的病，做人所不能做的事，還會有什麼難得了他的？而且他是基督，是來拯救世人的彌賽亞，怎麼可能會任人宰割，為人所害呢？他們無法想像，也就不怎麼擔憂。

途經伯大尼時，耶穌居然沒去馬大和馬利亞的家，而選擇去曾經患大痲瘋，被耶穌醫好的西門家。不過馬大依然在廚房幫忙其他婦女預備晚餐，沒讓門徒們少吃。

大家盡情吃喝，高談闊論，曾死過一次的拉撒路也坐在其中，談笑風生，門徒早就把耶穌說的預言忘得一乾二淨。一向能細膩體會耶穌心思和教導的馬利亞，似乎預感了什麼，悄悄拿了一瓶極珍貴的香膏，抹耶穌的

腳，用自己的頭髮去擦，又抹耶穌的頭，屋裡立刻充滿了濃郁的香氣。

這種珍貴的香膏，通常有兩種用途，當君王、祭司、先知受封時，塗抹在他們的頭上，以示尊貴；或葬禮時，在為死者纏裹屍布前，抹在死者身上，表示對死者的愛和思念。因為昂貴，有一些人嫁女兒時，把它當作嫁妝，讓女兒風光出嫁。

管財務的門徒猶大，看到馬利亞這麼做，恨不得奪下那瓶香膏，氣急敗壞的責備馬利亞：「妳看看多可惜啊，這一瓶香膏至少值三十塊錢，那可是一個工人一整年的工資，妳就這麼隨便浪費掉！不如拿去賣，還可以救濟窮人。」

猶大說這話，並不是真的掛念窮人。他是負責保管錢袋的門徒，平日有別人對門徒團體的奉

獻或他們生活的支出，都由他經手。猶大自己管錢，卻難以抗拒金錢的誘惑，常偷偷從公家口袋中拿錢出來私用。馬利亞的舉動令他很心疼。

耶穌被馬利亞的心意所感動，因為馬利亞好像在為他不久後的受難作預備一般。反觀每天和耶穌朝夕相處的門徒們，雖經好幾次預告，還是駑鈍無知。耶穌嚴肅的對他們說：「你們身邊常常有窮人，想救濟窮人，隨時都可以，可是你們不常有我。就讓她做吧，她把香膏澆灌在我身上，是為我安葬用的。」

27

光榮入城

　　耶穌預表死亡的話，跟隔天入城所受到的熱烈歡迎盛況，真是很難令人聯想在一起。

　　隔天耶穌吩咐兩個門徒：「到對面村子去，你們會看見一隻從來沒人騎過的小驢，栓在母驢旁邊。把那隻小驢解開，若有人問你們為什麼這麼做，就跟他說主要用牠，他一定讓你們把牠牽來。」

　　門徒到了對面村子，果然有一隻小驢和一隻母驢栓在街道上。他們把小驢解下，有一個人過來問他們：「你們解小驢做什麼？」門徒照著耶穌所說的話回答，那人真的就讓他們把小驢牽走了。

　　門徒把自己的衣服搭在驢背上，讓耶穌騎上去，往耶路撒冷

走。這一切應驗了《聖經》上的預言:「錫安的女子哪,應當大大喜樂!耶路撒冷的民哪,應當歡呼!看哪,你的王來到你這裡!祂是公義的,並且施行拯救,柔和謙卑的騎著幼驢,到你這裡來了。」

耶路撒冷的人民幾天前聽到耶穌要進城,老早就期待著。當騎著小驢的耶穌和門徒一進城門,滿城歡欣,民眾把自己的衣服鋪在地上,讓耶穌好像走在地毯上一般。大人小孩手持棕樹枝,揮舞著夾道歡呼:「和散那＊萬王之王!奉主名來的是應當稱頌的!高高在上和散那!」

耶穌如同君王般,被迎入城裡,全城驚動。宗教領袖的反應,剛好和民眾相反。耶穌越受歡迎,他們越眼紅,決定這一次

＊和散那　猶太語中表達頌讚的歡呼詞。

一定要付諸行動，除掉耶穌。可是要怎麼下手呢？什麼時候是最好的時機呢？

正在傷腦筋時，耶穌的門徒猶大居然自己找上門，說:「我知道你們一直想捉拿耶穌，我若把他交給你們，你們願意給我多少錢?」

猶大一直待在耶穌身邊，本來是巴望著耶穌發達時，他能跟著得到什麼好處。可是越待越發現，耶穌根本不是要當什麼推翻羅馬統治的王，他是要當人心裡的王，帶大家走向上帝的國度，誰知道那是什麼？總之是無利可圖。加上耶穌才在伯大尼的晚宴上說他快死了，前景更沒指望，不如把他賣了，口袋還有一點進帳。

祭司長喜出望外，還有什麼人比耶穌身邊的人更清楚耶穌的行蹤和狀況？見機不可失，馬上

給了他三十塊錢。從那時候起，
猶大就隨時留意，找機會要把耶
穌交給他們。

28 最後的晚餐

　　到了逾越節，有一戶人家準備了宴席，請耶穌和門徒去享用。當大家坐定後，耶穌做了一件讓門徒想不到的事。他起身離席，脫掉外袍，拿一條毛巾束腰，然後把水倒進一個水盆裡，開始為門徒洗腳。

　　門徒吃驚得不知所措，彼得問：「老師，你當真要洗我們的腳？」

　　耶穌說：「我所做的，你們現在不了解，以後就會明白。」

　　彼得可不敢因此就真的讓耶穌洗腳，他推卻著說：「你萬萬不可洗我的腳！」

　　耶穌說：「你若不讓我洗，你就和我沒什麼關聯了。」

　　洗完了門徒的腳，耶穌穿回外袍，坐下，對他們說：「我向你

們所做的，你們明白嗎？你們平日稱呼我『老師』或『主』，我是你們的老師，你們的主，尚且為你們洗腳，你們也應該為彼此洗腳。我今天是為你們作了榜樣，我怎樣愛你們，你們也要彼此相愛，用一顆謙卑的心，服事別人。」

晚餐時，耶穌突然說：「你們中間有一個人，今晚要出賣我。」

大家不安的彼此對看，想不出會是誰。

耶穌拿起餅來，祝謝，擘開，遞給大家，說：「你們拿著吃，這是我的身體。」又舉起杯，祝謝，說：「這是我立約的血，為多人流出，為的是使罪得赦。」

吃了餅，喝了杯裡的酒，耶穌轉身勉勵門徒彼得：「彼得，我已經為你向我天上的父祈求，讓你不會失去信心。以後，你也要堅固這些弟兄們的信心。」

彼得聽他的口氣好像在交代遺言一樣，急著說：「主啊，就是和你一起下到監獄，一起受死，我也願意。」

耶穌聽了，嘆一口氣說：「彼得，我告訴你，今日雞還沒叫之前，你會三次說你不認得我。」彼得聽了再三保證，絕不會有這種事發生。

耶穌對猶大說：「你要做什麼事，趕快去做吧。」大家以為他是叫猶大去買過節要用的東西，並沒有留意。

猶大走後，耶穌繼續勉勵他們要彼此相愛，因為若他們有一顆愛人的心，別人就會認出他們是他的跟隨者。他並承諾他回到天父那裡去後，將差遣聖靈與他們同在，引導他們明白一切的真理。他要他們心裡不要憂愁，也不要膽怯，他將把他的平安賜給他們，「在世上你們有苦難，但

你們可以放心，我已經勝了這個世界。」

吃完飯，他們上橄欖山，去一個園子叫客西馬尼。耶穌叫其他人待在一處，只帶著彼得、雅各、約翰到旁邊禱告。

耶穌俯伏在地，禱告說：「父啊，如果可以，請撤走這個苦難吧。然而，只要照祢的意思，不要照我的意思。」他禱告時，一再向天父呼求，專注迫切，臉上的汗珠大滴大滴的落下。在旁的三位門徒剛好相反，經過一天的活動，累得呼呼大睡，即使被耶穌叫醒，還是一下子又渾渾噩噩睡著了。

忽然間，猶大帶著一群手持刀棒的人走來。耶穌說：「朋友，要做什麼，就做吧。」這幾個被耶穌稱作朋友的人立刻上來，把耶穌捉住。

彼得看他們抓耶穌好像抓強

盜一樣，氣憤不過，剛好手邊有一把刀，不假思索就抽出刀來，一出手，一個大祭司的僕人馬上被削掉一個耳朵。

耶穌斥責彼得：「收刀入鞘！我父要我做的事，豈能不做？現在這樣，為的是要應驗先知書上所寫的預言。」說完拎起血淋淋的耳朵，放回那僕人的臉上，當下醫好了他。

現場一陣兵慌馬亂，大家見彼得闖禍，趕快趁著混亂四散逃走了。

29 彼得三次不認主

彼得在混亂中也跟著大家跑走了，可是內心卻一直掛念著耶穌的安危。耶穌被送到大祭司那裡受審時，他偷偷的回來，混在人群中。

大祭司和公會找了好多人作假見證，說的話毫無根據。耶穌面對他們的控訴，一句話也不說。最後大祭司問他：「告訴我們，你是不是神的兒子耶穌？」

耶穌回答：「你說的是，以後你要看到我坐在上帝的右邊，駕著天上的雲降臨。」

大祭司激動得撕開耶穌的衣服，怒吼：「他說這種僭妄的話，我們還需要什麼證人！你們說，應該如何處置他？」

群眾憤慨的大叫：「他該死！他該死！」

　　有的人對他吐口水，有的人一邊打他，一邊說：「你不是基督嗎？告訴我，現在打你的是誰？」

　　彼得混在人群裡，被旁邊一個使女認出來，指著他說：「你就是跟這個耶穌一夥的！」彼得馬上矢口否認：「我不知道妳在講什麼！」

　　過了一下子，另一個使女也認出他，彼得只好發誓：「我真的不認得這個人！」

　　沒有多久，又有一個人發現：「你的確是和他一夥的，你講話是加利利口音。」彼得急得滿臉通紅：「你這個人！我跟你說不認得，就是不認得。」

　　一說完這話，雞就叫了。

　　耶穌轉過來，看著彼得。那眼神，是了解，是憐憫，是饒恕。

　　彼得突然想起耶穌之前對他說的話：「雞叫之前，你會三次不

認我。」

　　他真的三次不認耶穌！衝出院子，靠著牆壁，彼得忍不住痛哭起來。

30 受審與受苦

　　耶穌被送到羅馬巡撫彼拉多那裡，因為只有他能判處死刑。彼拉多親自審問耶穌，卻找不出他的罪來，他知道猶太領袖是因為嫉妒，想要誣陷耶穌，就宣布：「這個人沒做什麼該死的惡事，我責打他之後，就要釋放他。」

　　祭司們和跟隨的群眾立刻不停的喊叫：「把他釘到十字架上！釘他十字架！釘他十字架！」叫聲震耳欲聾。

　　彼拉多想到另一個解圍的方法，他向民眾說：「現在是逾越節，按照慣例，我可以釋放一個囚犯，我就釋放耶穌吧。」

　　宗教領袖卻帶著眾人一齊喊著說：「除掉耶穌！釋放巴拉巴！」

　　巴拉巴是個亂黨分子，因殺

人而入獄。

群眾的喊叫聲催逼著彼拉多，他見多說無益，若是觸犯了眾怒，反要生亂，只好順著他們的意，放了巴拉巴，把耶穌交給士兵釘到十字架上，並當眾洗手，說：「流這義人的血，罪不在我，你們自己承擔吧。」把責任和罪過推得一乾二淨。

士兵拿好幾條皮帶結成的鞭子，使勁的抽打耶穌，耶穌一下子就皮開肉綻，體無完膚。耶穌遭鞭笞卻不吭聲，強忍著錐心的疼痛。這些羅馬士兵素來輕視猶太人，見耶穌遭此毒打，不呻吟也不求饒，更加惱怒，打得更兇，一個力氣用盡了，就換另一個士兵打。

看著耶穌像一隻落難的狗一樣任人欺負，羅馬士兵更加得意，找來了一件紫色的袍子，幫耶穌穿上。又用長滿尖刺的荊棘

編成冠冕，戴在他頭上，再拿一根蘆葦放在他右手，跪在他面前，戲弄他：「恭喜啊，猶太人的王啊！」輕蔑的吐口水在他臉上，拿蘆葦打他的頭。荊棘的尖刺扎入耶穌的頭皮，鮮血從頭上流淌下來。士兵戲弄完了，就帶耶穌出去，要將他釘上十字架。

耶穌被脫去紫袍，穿上自己的衣服，但荊棘冠冕仍在頭上。執刑者讓他扛起自己將要釘的十字架，粗糙笨重的梁木壓著耶穌早已皮肉模糊的肩膀和背部。耶穌持續失血，加上一整夜不眠不休的審問，使他連站穩腳步都困難，更別說還要拖負著沉重的十字架前進。士官長擔心耶穌還沒釘十字架就氣絕而死，剛好有個身材魁梧，名叫西門的人從旁經過，就強迫他為耶穌背十字架。

卸下重擔，耶穌蹣跚前行。跟在他身後的，除了士兵、執刑

者、監督的祭司長、好奇的路人外，還有一些婦女，包括門徒約翰的母親撒羅米、從抹大拉來的馬利亞、幾位從加利利來的婦女，和耶穌的母親馬利亞。

這些隨行者，有的純粹為了執行公務，有的湊看熱鬧，有的是耶穌的朋友。沒有人的心情比耶穌的母親馬利亞更悲痛。馬利亞強忍著錐心之痛，用堅強的意志力，勇敢的堅持要陪伴她的孩子走完人生的最後時刻。

這一段和耶穌同行到各各他的路，馬利亞好像也在走著耶穌一生的路。前面這個即將面對死亡的人，無論在別人的眼中是救主、是先知、是大能的醫者、是公義的祭司，或是騙徒、叛黨，他是她的孩子。自從聖靈使她懷胎，這個孩子在她肚腹裡十個月，她感受他在裡面的伸展、跳動，他使她害喜，使她經歷生產

之痛。她在馬廄生下他，開始哺乳他；用布巾包起背在背後做家事；扶著他學走路；餵養他；擁抱他；安慰他；疼愛他；也接收從孩子那邊來的愛和信任。這幾年，耶穌出來傳道，馬利亞常由耶穌的弟弟陪著，坐在群眾之中，聽他講道。是的，他是神的兒子，這是她從一開始就明瞭的，但是，他也是她的兒子，一個讓她捨不得、放不下的骨肉。

耶穌深知自己的重任。他在天上的父所交託他的，是要為世上的人而死。耶穌是上帝的愛子，本來大可在天上享受所有的榮耀，卻為了愛世人，以一種謙卑的方式，來到世間，在馬廄中出生，在木匠的家庭中成長，和上帝所有的孩子一樣，一起經歷肉體的有限和痛苦。世人因著罪，和神分開。除了犧牲他的生命，用他的血把世人的罪洗乾

淨，沒有別的方法能讓世人與神和好，重新來到神的面前，做祂的兒女。這本來是件很奧祕難懂的事，但是當世人接受主耶穌是神的兒子這個真理，並願意讓他來改變生命，就自然明白，而且蒙受了這個福分。

31 被釘十字架

　　耶穌正要走向他在這世上最後的終站，完成他的使命。唯一讓他放心不下的，是他的母親。當他被釘在十字架上時，他所信任的門徒約翰也在旁。耶穌輕聲對約翰說：「請照顧我的母親。」約翰點頭承諾。

　　耶穌轉向他的母親：「他現在是妳的兒子了。」馬利亞早已淚如雨下。從此約翰就把馬利亞接到自己家裡去了。

　　和耶穌同釘十字架的，還有兩個強盜，一個在左邊，一個在右邊，耶穌在中間。兩個人對耶穌的態度完全不同。一個譏笑他說：「你不是救世主彌賽亞嗎？怎麼不救自己，順便也救救我們呢？」

　　另一個犯人馬上責備他：「你

閉嘴！我們被釘在這裡，是活該，罪有應得，這個人可沒做過一件錯事。你都釘在這裡了，還不怕神嗎？」他向耶穌祈求：「耶穌啊，你的國降臨時，請你記得我。」

「不用等到那個時候，」耶穌對他說：「今天你就要和我一同在樂園裡了。」

一樣是死刑犯，一個謙卑認罪，渴望得到神的救贖，一個對神依然抱著譏誚戲謔的態度，兩人死後的景況將截然不同。

十字架下的士兵，態度倒是非常一致。

他們把耶穌的衣服剝下，將之分為四份，當下分贓，一人一份。可是裡衣是上下一片織成的，沒辦法再分，便決定：「我們不要撕開裡衣，用抽籤的方式，誰拈到籤，裡衣就是誰的。」

這一切都應驗了《聖經》上

的預言:「他們分了我的外衣，為我的裡衣抽籤。」

士兵戲弄耶穌，拿醋給他喝，說:「猶太人的王啊，救救自己吧。」

另一個說:「對啊，以色列的王，你現在就從十字架上下來，我們看了，馬上信你。」

最樂的是祭司長和文士，看著耶穌的血從體內一滴一滴的流光，他們的心情跟著一點一點的快活:「哈哈，他能救別人，卻不能救自己！不是說把聖殿拆毀了，三天就可以又建造起來嗎？現在就下來做這事吧。」

耶穌往下看著他們，心裡充滿憐憫，對天父禱告:

「父啊，赦免他們，因為他們所做的，他們不知道。」

到了正午，本當烈日高照，卻遍地黑暗，過了三個鐘頭，耶穌大聲的呼喊:「成了。父，我將

我的靈魂交在祢手裡。」就斷氣了。就在同一時刻，聖殿的幔子忽然從上到下裂為兩半，地大大震動，磐石轟然崩裂，墳墓也開了。在場的士兵各個嚇得面無血色，顫抖著說：「這，這，這真的是神的兒子。」

32

復　活

　　耶穌被釘在各各他山上的十字架，只有約翰一直陪在旁邊。彼得只有遠遠跟著，不敢接近。其他的門徒更是跑得不見人影。出賣耶穌的猶大則早在耶穌還沒釘十字架前，後悔自己做的事，想把錢還給祭司長和長老，被拒絕後，上吊自殺了。

　　耶穌死後，門徒們聚集在一個房間裡，傷心哭泣，誰也不想講話。這一群人個性和背景都不同，過去三年多，是因為跟隨耶穌，才會在一起。現在耶穌死了，他們完全不知道下一步該做什麼。

　　忽然，傳來一陣急促的敲門聲，大家都嚇了一跳。自從耶穌被釘十字架後，他們就躲在這裡，深怕也會被抓走。門外來的

176

是誰呢？

「趕快開門，是我們。」是跟隨耶穌從加利利來的婦女

門一開，她們上氣不接下氣的說：「擋墳墓的石頭挪開了！有天使跟我們說耶穌復活了！」

彼得和約翰一聽，馬上衝到墳墓那裡。洞口果然打開了，走進去一看，裏頭的布巾放一處，包身體的細麻布放另一處，就是不見耶穌。

回去之後，抹大拉的馬利亞又來說她看到耶穌了，門徒都不知道該信還是不該信。

吃晚飯的時候，耶穌突然站在他們中間，向他們問安。大家都嚇得打顫，以為是鬼。

耶穌說：「懷疑什麼呢？你們摸摸看，有骨有肉的，真的是我，不是鬼魂。」

真的是他！那手和腳都有釘痕，肋骨旁還有被槍刺過的傷

口。對啊，他曾說過，他死後第三天會復活，今天正是第三天啊！

大家高興得又大叫又抱成一團，簡直要發狂了。耶穌和大家一起坐下用餐，向他們解釋：「這就是我以前跟你們講的，我的來臨、受死、第三天復活，你們就是這些事的見證人。」

耶穌繼續留在世上四十天，教導門徒天國的道理。他開他們的心竅，讓他們能明白《聖經》上的話。又交給他們一個大使命：「你們要去各地，使萬民作我的門徒，奉父、子、聖靈的名，給他們施洗。凡我所吩咐你們的，都教訓他們遵守，我就常與你們同在，直到世界的末了。」

過了四十天，他領門徒到伯大尼，舉手祝福他們：「神的靈要降在你們身上，你們必得著能力，並要在耶路撒冷、猶太全地

和撒瑪利亞，直到世界各地，做我的見證。」說完，一朵雲飄過來，把他接上天。

望著他越來越遠的身影，門徒的心裡充滿了喜樂和平安。回想過去幾年和耶穌朝夕相處的情景，歷歷在目。耶穌總是無怨無悔、不求回報的幫助人解除內心的孤單和無助，醫治人身體的病痛，解決人生活的困難，釋放人被邪靈的束縛，最後將生命獻上，用他珍貴的血洗淨人的罪，只因上帝愛這世上的人，盼望除去罪的阻隔，使他們能回到祂的懷抱，成為祂真正的兒女。

門徒們清楚明白自己的使命——他們要當復活之主的見證人，到各處去講述他的故事，傳悔改赦罪的道，宣揚神愛世人的好消息，把主的福音傳給全世界。

耶穌並沒有離開，他曾說

過，他的形體雖然不在眼前，但他的聖靈與信他的人同在，賜給他們平安，指引前面當行的路，陪伴他們過一個蒙恩得勝的人生。他是他們永遠的朋友，最好的朋友。

耶穌

嘉言錄

- 不要為明天憂慮，因為明天自有明天的憂慮；一天的難處一天當就夠了。（馬太六：34）

- 你們願意人怎樣待你們，你們也要怎樣待人。（馬太七：12）

- 人若賺得全世界，賠上自己的生命，有什麼益處呢？人還能拿什麼換生命呢？（馬太十六：26）

- 掩藏的事，沒有不顯出來的；隱瞞的事，沒有不露出來的。（馬可四：22）

- 你們不要論斷人，就不被論斷；你們不要定人的罪，就不被定罪；你們要饒恕人，就必蒙饒恕。（路加六：37）

- 善人從他心裡所存的善，就發出善來；惡人從他心裡所存的惡，就發出惡來。因為心裡所充滿的，口裡就說出來。（路加六：45）

- 不要為生命憂慮吃什麼，為身體憂慮穿什麼。因為生命勝於飲食，身體勝於衣裳。（馬太六：25）

- 人在最小的事上忠心，在大事上也忠心；在最小的事上不義，在大事上也不義。（路加十六：10）

獻給孩子們的禮物

「世紀人物100」

訴說一百位中外人物的故事

是三民書局獻給孩子們最好的禮物！

◆ 不刻意美化、神化傳主，使「世紀人物」
  更易於親近。

◆ 嚴謹考證史實，傳遞最正確的資訊。

◆ 文字親切活潑，貼近孩子們的語言。

◆ 突破傳統的創作角度切入，讓孩子們認識
  不一樣的「世紀人物」。

兒童文學叢書

影響世界的人

在沒有主色，沒有英雄的年代
為孩子建立正確的方向
這是最佳的選擇

一套十二本，介紹十二位「影響世界的人」，看：

釋迦牟尼、耶穌、穆罕默德如何影響世界的信仰？

孔子、亞里斯多德、許懷哲如何影響世界的思想？

牛頓、居禮夫人、愛因斯坦如何影響世界的科學發展？

貝爾便利多少人對愛的傳遞？

孟德爾引起多少人對生命的解讀？

馬可波羅激發多少人對世界的探索？

國家圖書館出版品預行編目資料

救世主：耶穌 / 王明心著;陳澤新繪.－－初版二刷.－
－臺北市：三民，2010
　　面；　　公分.－－(兒童文學叢書 / 世紀人物100)

ISBN 978–957–14–4952–4 　(平裝)

1.耶穌(Jesus Christ) 2.傳記 3.通俗作品

249.1　　　　　　　　　　　　　　　96025127

© 　救世主：耶穌

著 作 人	王明心
主　　編	簡　宛
繪　　者	陳澤新
責任編輯	李玉霜
美術設計	郭雅萍
發 行 人	劉振強
著作財產權人	三民書局股份有限公司
發 行 所	三民書局股份有限公司
	地址　臺北市復興北路386號
	電話　(02)25006600
	郵撥帳號　0009998–5
門 市 部	(復北店)臺北市復興北路386號
	(重南店)臺北市重慶南路一段61號
出版日期	初版一刷　2008年2月
	初版二刷　2010年10月
編　　號	S 782010

行政院新聞局登記證局版臺業字第○二○○號

有著作權‧不准侵害

ISBN　978–957–14–4952–4　　(平裝)

http://www.sanmin.com.tw　三民網路書店

※本書如有缺頁、破損或裝訂錯誤，請寄回本公司更換。